옆자리

옆자리

김정읍 수필집

| 작가의 말

'모래 위에 발자국'을 생각합니다.
내 영혼이 가장 힘들 때
나를 업고 걸으신 주님….

비어 있는 옆자리
채워지지 않는 그리움에 먹먹합니다.

세월이 약이라 했던가요?
이 또한 지나가리라 했나요?

기억 저편에
서성거리는 추억들을 건져 올립니다.

감사드립니다.

이천십구 년, 모란이 피는 날.
김정읍(본명: 김영자)

| 차 례 |

2부

꼬끼오 메들리

3부

꽃기린

4부

옆자리

1. 너를 그린다

1968년 7월, 달맞이고개를
배경으로 한 해운대해수욕장

인적이 드문 해운대 해수욕장, 쪽빛 바다 위에서
하얗게 너울거리는 파도가 시원스럽다.

소꿉친구

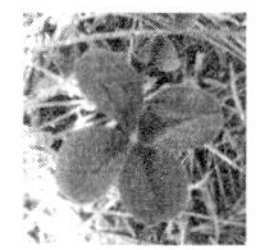

어떤 모습일까, 알아볼 수 있을까, 무슨 말부터 할까. 가슴이 콩닥거린다. 중학교 때부터 고향을 떠나 기숙사 생활을 한 나는 최종학교 졸업과 동시에 직장생활을 하였다. 직장이 고향과 멀리 떨어진 곳이라 소꿉친구는 물론 여느 동창회 친구들과도 만나서 즐길 수 있는 그런 호사는 갖지 못했다. 그런데 60여 년 만에 소꿉친구 순이가 찾아온 것이다.

땅거미가 일기 시작한 밖은 벌써 어둑한데 벚나무 아래서 세 명의 여자들이 서성거리고 있다. 딸들과 같이 온다고 하였으니 저들 중 가장 푸짐한 체격이 아마도 순이일 것이다. 순이가 먼저 나를 알아볼 리 만무하고 나 또한 저가 순이인지 감이 잡히지 않지만 일단은 불러본다.

"거기 순이니?"

"어머나 영이야, 나 알아보겠어?" 얼굴 모습으론 낯선 사람 같지만 우린 서로 얼싸안았다. 순이의 몸에서 고향마을의 황토냄새가 풍겨지는 것 같다. 봄에는 나물을 캐러 다닌다고, 여름에는 김매는 손길을 보탠다고, 어린 손에도 흙을 묻혔었다. 가을걷이가 끝난 뒤꼍 황토밭은 우리들의 좋은 놀이터가 되었다. 고무줄뛰기, 줄넘기, 땅뺏기, 술래잡기 등을 하느라 시간 가는 줄도 몰랐다. 놀이에서 벌어지는 요령과 재치와 승부감에 환호성을 지르며 열을 올리느라 손발은 물론 옷까지도 온통 황토 냄새가 배어 있던 그곳. 아련한 향수로만 남아 있는 그 냄새가 순이를 만나니 다시 살아난다.

"너는 내 스승이어야." 방에 들어와 앉자마자 내 손을 꼭 잡은 그녀가 수줍게 웃으며 하는 말이다. 세월의 흔적이 이마와 눈가에 여실한데도 입을 활짝 열지 않고 웃는 모습이 어릴 적 그대로이다. 나는 열두어 살 전후의 우리 모습들을 떠올리며 무슨 말을 하는 것이냐고 반문한다.

"니가 내 까막눈을 뜨게 해 주었잖어." 장성한 딸들 앞에서 구태여 그런 말은 하지 않아도 좋으련만 저 순진덩어리는 그저 제 마음 있는 그대로만 전하려 한다.

그 시절에는 초등학교도 못 가는 친구들이 많았다. 특히 여자애들은. 우리 동네에 동갑내기 여자 친구들이 대여섯 명이었는데 그중 초등학교를 졸업한 애는 나 혼자뿐이었다. 다른 친구들과 달리 공부에 집착을 부리던 순이는 우리 집 발걸음이 잦았다. 마침 우리 큰오빠가 초등학교 선생님으로 계셨기 때문에 우리 집 헛간에는 낡은 흑판과 동강 난 분필들이 있었다. 초등학교를 졸업하던 그해 여름부터 나는 우리 집 헛간으로 친구들을 불러 모아 공부놀이를 시작하였다. 책상도 걸상도 없으니 교실이라 할 수도 없었다. 고작 초등학교를 갓 졸업한 어린것이 무슨 선생이란 흉내나 낼 수 있었을까. 그저 친구들끼리 모여앉아 소꿉장난같이 시작한 공부 놀이었다. 놀이는 언제나 즐거운 것, 장난 같은 그 공부놀이가 신이 나서 큰 소리로 읊어댄다.

"ㄱ ㄴ ㄷ ㄹ~, ㅏ ㅑ ㅓ ㅕ ~, 가 갸 거 겨~" 소리가 낭랑하게 헛간 밖으로 퍼져나간다. 읊조리던 소리를 공책에 쓰는 연습 또한 열심이었다. 몽당연필에 침을 묻혀가며 누런 공책에 꾹꾹 눌러쓰는 모습은 사뭇 진지하였다. 나름 시험이라는 절차도 거치며 우리 집 헛간도 조금은 교실의 분위기를 흉내 냈었다. 내성적이고 소심하던 내가 그런 터무니없는 용기를 부릴 수 있었던 것은, 자기 이름만이라도 쓰고 싶다던 순이의 그 간절함 때문이었을 것이다.

오랜만에 만났으니 자연스레 호구조사가 시작되었다. 친구가 먼저 자기소개를 한다. 딸 셋에 아들 한 명인데 다들 출가하여 아들딸 낳고 잘 산다는 자랑이다. 십여 년 전에 남편과 사별하여 혼자 살고 있는데 건강이 좀 좋지 않아 병원에 다니는 중이란다. 어릴 때 내가 자기를 주일학교에도 데리고 가 주어서 그 후 계속 예수 믿으며 권사도

되었고, 아이들도 신앙생활을 잘하고 있단다.

"그러니 니가 내 스승이고 또 전도자란 말이여. 그래서 한시도 너를 잊은 적이 없었고, 죽기 전에 꼭 한 번만이라도 만나보고 싶어서 이렇게 염치불구허고 왔어." 내 손을 꼭 잡고 꾸밈도 거침도 없이 순진무구하게 제 마음을 털어내는 친구를 바라보며 놀람과 감격으로 내 마음은 뭉클거렸다. 그랬느냐고 맞장구치며 웃는 눈가에 눈물이 일렁인다.

그렇게 어리고 서툴렀던 선생노릇도 효과가 있었구나. 찬송가를 부르며 두툼한 성경을 읽느라 책장을 넘기는 순이의 모습이 연상된다. 난 기억도 못하는 전도의 결실이 이렇게 순이 가정에 줄줄이 맺혀 있을 줄이야. 때를 얻든지 못 얻든지 전도하기를 쉬지 말라는 말씀을 생각하며 우쭐해지려 한다.

육십여 년만의 만남, 아무리 짧은 소꿉시절이라 해도 네댓 시간의 회포로 어찌 성이 차겠는가. 그러나 차도를 보이지 않는 내 남편의 건강 때문에 하룻밤도 같이 못 지내고 떠나는 순이의 뒷모습을 보며 만감이 교차된다. 의기소침

해 있던 기분을 동심에 젖은 추억이 뿌듯한 기쁨과 흐뭇한 미소로 벙글거리게 한다. 멀리 있거나 오랫동안 만나지 못해도 있다는 그 자체만으로도 우정의 으뜸이 되는 말, 친구.

순이야, 내가 너에게 소중하게 간직되었듯이 너 또한 내게 귀한 보물로 간직될 거야. 언젠가 우리 다시 만나서 못다한 추억담을 나누어 보자. 친구야, 내 소중한 소꿉친구야.

별명

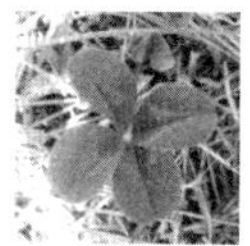

말라깽이, 몸이 매우 마르고 여윈 사람을 일컫는 말이다. 마르고 여위었다는 것은 병색이 있음을 암시하기도 하고 건강미가 없다는 뜻이기도 하다.

그녀가 친구들로부터 맨 처음 얻은 별명이 말라깽이다. 그때 오십여 명의 반 친구들 중에 신장은 중간쯤이었으니 작은 편은 아니었다. 체중이 얼마였는지 기억할 수는 없지만, 학교 가는 길에 바람이 세게 불어오면 몇 걸음씩 뒤로 밀려났다. 하는 수 없이 주저앉아 있다가 바람이 지나간 다음에 일어나야 하는 빈약한 체구였다. 원래 약골로 태어난 데다 열흘이 멀다하고 감기와 배탈로 잔병치레가 계속되니 어디 살이 붙을 수 있었겠는가. 그래 말라깽이라는 별명은 당연한 것이었겠지만 그 소리는 듣기도 싫고 자존심도 상했다.

요즘 같으면 '말라깽이 챔피언'의 여주인공 파블리나 처럼 체력을 단련하여서 말라깽이에서 탈피할 수 있었을지도 모른다. 하지만 그때는 아무것도 할 줄을 몰랐다. 그저 놀리는 애들에게 나도 강하다는 것을 보여주고 싶은 의욕이 깡다구로 버티어 내는 수밖에. 말라깽이라 놀림 받으면서 초등학교 6년간 개근상을 받았으니 칭찬 받을 만하지 않은가.

매부리코, 매의 부리같이 코끝이 삐죽하게 아래로 숙은 코를 가진 자를 지칭하는 말이다. 따라서 매섭고 강한 인상이라 하여 호감과는 거리가 멀겠다. 그래서인지 만화에 등장하는 마녀의 특징은 매부리코로 부각되기도 한다. 반면 알렉산더 대왕은 매부리코인 남자를 장수로 뽑았고, 지혜와 술수에 능한 그들은 전쟁에서 지는 일이 없었다는 일화도 전해진다.

그녀가 두 번째로 듣게 된 별명은 매부리코다. 자기 코가 복스럽게 생기지는 않았지만 크게 별나다고 생각하지 않았는데, 말라깽이에 이어 매부리코라니 화가 치밀어 올랐다. 그것도 친하게 지내던 소꿉친구 용녀가 붙여준 것이다. 동네 친구들이 한 방에 둘러앉아 놀 때면 용녀는 '와, 이 귀여운 매부리코' 하면서 그녀의 코를 만지작거리며 등쌀을 대는 것이 싫었지만, 용녀의 해맑고 다정한 표정 때문에 미워할 수도 없었다. 용녀 외에 다른 친구들은 매부리코라고 놀리지 않아서 그나마 다행이었다.

친구 중에는 그녀를 '성실 그 자체'라는 후한 별명으로 추켜 주기도 했다. 직장 후배들은 '엄마 같은 ○○○, 언니 같은 000' 라는 호칭인가 하면 '깐깐한 원칙주의자'라고 선을 긋기도 하였다. 하기야 성인 사회에서 그것도 직급이 존재하는 곳에서야 어디 별명인들 제대로 부르겠는가. 뒤돌아서 하는 소리는 그녀의 귀까지 들리지 않았을 테지.

산소 같은 여자, 우리나라에서 산소 같은 여자 하면 탤런트 이○○를 연상할 것이다. 산소 같은 그 탤런트는 이해인의 시가 산소 같다고 칭찬을 한다. 산소 같다는 것은 아름다움의, 순수함의 극치가 아닌가.

최근에 그녀가 들은 별명이 '산소 같은 여자' 이다. 이제와서 그렇게 황송스런 별명을 듣다니. 그러나 곧 깨달아진다. 그녀가 산소 같아서가 아니라 그렇게 불러준 그분이 진정 산소 같은 심성을 소유한 사람이기에 산소 같은 표현을 했다는 것을. 그래도 기분은 참 좋다.

산소, 맛도 냄새도 빛깔도 없는 O_2이다. 고운 모습도 아름다운 색상도 없다. 이렇다 하고 내세울 만한 어떤 특성도 없다. 손에 잡히는 것도 보이는 형체도 없으니 누가 욕심을 내지도 않는다. 건강한 사람은 산소 같은 것은 의식하지도 않고 지낸다. 있어도 내세울 것 없고 없는 것 같아도 있어야 하는 것이 산소인가. 이런 의미라면 그녀에게 어울릴 만한 별명이라 할 수도 있겠다. 그러나 그녀는 곧 도리질을 한다.

별명. 사람의 생김새나 버릇, 성격 따위의 특징을 가지고 남들이 본명 대신에 지어 부르는 이름이다. 집안 어른들은 아이가 건강하게 자라기를 바라는 마음으로 대개 개똥이, 남생이, 차돌이 등의 아호로 부른다. 청소년들은 기발한 창작력으로 장난기와 정감 어린 별명을 지어낸다. 별명을 짓는 것도, 부르는 것도 관심과 애정의 한 표현이지 않겠는가. 그러기에 부르는 자는 즐거움을, 당사자는 놀림을 당하는 것 같아 애달아하면서도 피차 풋풋한 웃음을 주는 것이 별명이리라.

이제는 말라깽이라는 별명 대신 복부비만을 염려하고 있다. 매부리코라고 놀리던 친구는 어디서 무엇을 하고 있을까. 지금도 성실 그 자체라고 치켜 주는 친구의 소식이 기다려진다. 엄마나 언니 같다고 애교 부리던 후배들의 모습도 눈에 어른거린다. 융통성 하나 없는 원칙주의자라고 서운해 하던 눈길도 선하다. 지금은 '산소 같은 여자'라는 별명이 그녀의 감성 안에서 명랑하게 서성거리고 있다.

복달임

스르륵, 소리도 없이 폰 문이 열린다. 맛깔스럽게 담겨진 삼계탕 한 그릇, 복伏달임이다.

복달임과 복놀이, 삼복三伏더위를 이겨내기 위하여 고깃국을 끓여 먹으며 시원한 곳을 찾아 노는 일을 말한다. 조선시대에는 쇠고깃국, 민어탕, 도미탕, 보신탕, 삼계탕, 장어탕, 추어탕, 들깨탕 등이 애용되었다. 물론 신분과 가정

형편에 따라 달랐으나 팥죽은 액땜의 의미까지 전해져 누구나 챙겨먹는 음식이었다고 한다. 요즘이야 고깃국쯤은 언제든지 먹고 싶은 대로 먹을 수 있다. 하지만 먹을거리가 변변치 않았던 시대에 복달임이란 이름으로 영양식을 챙겼던 것은 그 시대의 지혜였다.

내가 어렸을 때, 복날이 되면 우리 집 닭장 안은 아주 소란스러워진다. 복달임으로 점이 찍힌 닭, 누가 알려주지 않아도 본능적으로 알아차린다. 필사적으로 도망치는 그놈을 잡으러 아버지와 엄니의 숨결도 가빠진다. 덩달아 놀라서 홰를 치며 꼬꼬댁거리는 닭들 때문에 닭장 안은 아수라장이 된다. 덕분에 그놈은 요행을 바랄 수 있었는지도 모른다. 그러나 어쩌랴, 뛰어 봐야 닭장 안인 것을.

마침내 깨끗하게 손질된 닭과 마른 인삼 한두 뿌리는 통째로, 마늘과 대추는 한 움큼씩, 그리고 잘 불린 찹쌀은 가족 수에 따라 가마솥에서 걸쭉하게 끓여진다. 푹 고아진 닭은 꺼내어 살을 발라서 할머니, 아버지, 오빠들의 그릇에 나누어 담는다. 나와 조카들 그리고 어머니와 올케들의 그릇에 이르면 뼈다귀만 남는다. 그 위에 가마솥을 휘휘

저어 찹쌀 죽을 퍼 담아서 온 식구가 평상에 둘러앉아 비지땀을 훔쳐가며 복달임을 하였다. 입속으로 들어가는 닭고기야 간에 기별도 안 갔지만 대가족의 훈훈한 열기로 삼복더위를 잘 견디어 냈던 것 같다.

기숙사 생활을 하다가 집에 가면 올케는 깡마른 시누이의 보신을 위하여 보약을 끓였다. 영계 한 마리 푸욱 곤 물에 인삼, 대추와 한약재까지 넣어서 두어 모금에 넘어갈 정도로 달인다. 어서 쭈~욱 마시고, 통통하게 살 좀 찌라고 하면서 약사발을 건네주신다. 뽀얀 국물이 보기에도 그저 진한 보약이다. 가슴 뭉클한 감격이다.

언니가 없는 외로움에 언니를 낳아달라고 어머니한테 투정을 부리던 철없는 시절이 있었는데, 이렇게 언니보다 더 자상한 올케의 사랑을 받고 있으니 나는 참 복이 많은 사람이다. 어머니 같은 마음으로 챙겨주는 올케가 고마워서 맛있게, 호강스럽게 마신다. 푸근하고 고소한 맛이 마음 가득해진다.

그런데 이 무슨 소갈머리란 말인가. 모처럼 맛보는 기름진 음식에 위장이 놀랐는지 거부반응을 일으킨다. 소화를 못 시키겠다고 뒤틀리는 앙탈이다. 아~ 이러면 안 되는데, 제발 참아야 한다. 배탈이 났다고 말할 수는 없다. 뒤틀리는 배를 움켜잡고 소화를 시켜야 한다고 진땀을 흘리며 참아본다. 올케가 어떻게 만든 보약인데, 그때는 조카들한테는 닭 한 마리 사서 나누어 먹일 여유도 못 되는 살림이었다. 그러나 결국 그 귀한 보약은 토사곽란이라는 이름 앞에 굴복하고 만다. 이를 어쩌나. 아, 이를 어쩌나. 나 아픈 것은 고사하고 민망해서 올케를 바라볼 수가 없다. 허망하고 안타까운 표정의 어머니와 올케도 할 말을 잊으신다. 복福에 겨운 나는 그렇게 얄미운 복伏 치레를 하였다.

'카톡' 다시 카랑하게 들려오는 소리. '카톡'이 울릴 때마다 신선한 기대감이다. 날마다 해 질 녘이면 편지함을 기웃거리던 시절에 느끼던 설렘이다. 이번에는 보글보글 끓고 있는 뚝배기 삼계탕이다. 그리고 시원하게 쏟아지는 폭포수와 초록빛 아늑한 계곡에서 물놀이를 즐기는 사진도 있다. 삼복더위도 그저 즐거운 표정들이다.

그러고 보니 오늘이 중복中伏, 카톡으로 전해지는 복달임 상床을 연거푸 받고 있으려니 올케 생각이 난다. 더 늦기 전에 찾아뵙고 복달임 상도 차려 드리고 복 놀이도 함께 다녀야 할 터인데. 생활에 얽힌 여건들이 나름대로의 이유를 달면서 발목을 붙잡는다. 미안함에 움츠러지는 마음이지만 우선 전화라도 드리자.

"형님~."

"애기 씨여~." 그저 반가워하시며 말꼬리 올라가는 올케의 목소리를 듣자니 울컥, 목이 메여 말문이 막힌다.

숨바꼭질

한바탕 부산한 설렘으로 한가위 명절을 보내고 나니 뻑적지근한 피로가 몰려온다. 그러나 또 다른 기대를 안고 서둘러 종종걸음을 친다. 빨간 신호등에 걸려 걸음이 멈추어진 동안 좌우를 두리번거린다.

보름달을 닮은 가로등의 맑은 불빛에서 가을 정취가 풍겨온다. 굴다리 너머로 보이는 키다리 건물들이 피곤한 하루를 잿빛 시야 속으로 숨기려 한다. 갑자기 아파트 건물 사이로 달님이 확 달려든다. 한가위 명절이건만 달 한번 쳐다 볼 겨를이 없었다. 대보름날의 주인공을 외면했다고 서운해하는 기색도 없이 먼저 찾아와 환하게 웃어주는 보름달. 나도 이제야 방긋 웃어본다.

신호등의 초록빛 반짝거림에 달님 생각은 접어두고 다시 잰걸음을 걷는다. 목적지에 도달하여 모퉁이를 돌아서는데 앞 건물 사이에서 '까꿍' 하며 장난스럽게 웃고 있는 보름달. 다시 만나자는 약속도 없이 신호등 거리에 남겨두고 왔건만 달은 계속 따라오고 있었나 보다. 높은 산에서, 파도가 출렁이는 바닷가에서 많은 인파들이 보름달을 향하여 비손을 모으고 있지만, 달은 나하고 숨바꼭질 놀이를 하고 싶은가 보다. 약속시간에 아직 여유가 있으니 달님과 조금 놀아도 되겠다. 꼭꼭 숨어 보자. 휘영청 밝은 달그림자, 그래도 밤의 어둠이 생긴 건물 뒤로 살짝 몸을 숨겼다.

'꼭꼭 숨어라 머리카락 보일라.' 달 밝은 밤이면 우리들은 약속이나 한 듯 동네 공터에 모였다. 밤 깊어가는 줄도 모르고 숨죽이는 숨바꼭질 놀이를 즐겼다. 부드럽고 환한

빛으로 비춰주는 달님은 그저 등 뒤에 세워두고서. 손등의 주름을 세어보고, 손바닥에 침을 튕겨가며 가위 바위 보로 술래를 정한다. 술래가 열을 세는 동안 숨을 곳을 찾아 부리나케 달려간다. 안전한 곳이 어디일까. 술래가 큰 소리로 세는 숫자가 너무 빨리 쫓아온다. 두리번거리다 다급한 마음에 꿩처럼 머리만 숨긴 친구의 이름이 먼저 불려진다. 적당한 시기에 한둘씩 찾아지는 기쁨과 들킴에 놀란 환호성이 동시에 터진다. 마지막 한 사람이 찾아질 때까지 꼭꼭 숨어라가 노래를 한다. 숨어 있는 동안 괜스레 두방망이질 치는 심장 소리를 가라앉히며 이런저런 희망사항의 나래를 펴간다.

하얀 증기를 내뿜으며 기차가 달려온다. 하얗게 풀 먹인 교복 칼라로 목을 세우고 묵직한 책가방을 들고 나는 기차를 향하여 달려간다. 간신히 올라 탄 기차는 이리 역을 향하여 달려간다. 거기 내가 다니고 싶은 중학교가 있다. 행복한 마음으로 교실로 들어가려는데, '찾았다' 하며 등을 치는 소리에 깜짝 놀란다. 숨어 있는 동안 잠시 달콤한 꿈을 꾸었다.

술래가 되어 눈을 감는다. 하나, 둘, 셋~, 숫자를 헤아리는 시간이 참으로 길게 느껴진다. 눈을 떠보고 싶은 충동을 참아내며 흩어져가는 친구들의 발걸음 소리를 따라 내 귀는 여러 방향으로 갈림길을 만든다. 발걸음 소리를 놓친 귀가 호젓한 골목길을 홀로 맴돌 때쯤이면 세던 숫자가 마침표를 찍는다. 친구들이 숨었을 곳을 찾아 살금살금 다가가며 조용한 스릴을 즐긴다. 술래가 되어 숨은 자를 찾아 나서는 발걸음. 그건 숨겨져 있는 보물을 찾아가는 마음과 같다.

보물은 쉽게 찾아지지 않는다. 찾아가는 길도 결코 평탄치가 않다. 있을 만한 곳을 예측할 수 있는 안목도 중요하다. 끝까지 견디어내는 노력과 어려운 상황에 도전하는 용기도 필요하다. 보물을 찾았을 때의 기쁨을 상상하며 후미진 곳을 기웃해 본다. 벽에 착 달라붙어 뒤통수와 엉덩이로 숨죽이고 있는 친구가 보인다. 손가락 끝에 느껴질 탱탱한 튕김의 맛, 친구의 어깨를 툭 치며 '찾았다.' 하고 외친다. 골목길에 즐거운 함성과 통통거리는 소리가 그칠 줄 모른다. 아이들을 부르는 엄마의 소리가 들린다. 골목 안은 다시 조용해지고 달님은 아이들을 따라 창窓가로 따라 간다.

약속 장소의 창이 밝아진다. 달님과 헤어져야 할 시간이다. 건물 모퉁이를 비껴서 들어가던 발걸음을 멈추고 살며시 고개를 내밀어 본다. 보름달은, 내가 여기 있는 줄 알고 있었다는 듯 여전히 환하게 웃고 있다. 다시 만나자는 손짓을 보내고 안으로 들어온다. 숨바꼭질은 즐거운 놀이다. 놀이는 피로를 치료하는 약이다.

세상살이도 숨바꼭질 같은 즐거운 놀이가 아닐까.

번데기

오랜만에 해운대 해수욕장에 갔다. 인적이 드문 모래사장 너머 쪽빛 바다 위에서 하얗게 너울거리는 파도가 시원스럽다. 모래톱에 들어서면 거추장스러워지는 신발. 신발을 벗어주니 발바닥이 즐거워한다. 간질간질 스며드는 모래알의 감촉을 즐기며 발자국을 남긴다. 파도를 타고 온 바람이 살랑살랑 머리카락을 흩날리며 장난질이다. 옷깃을 여미며 모래사장을 빠져나오니 구수한 냄새가 코를 자극한다.

번데기 한 컵을 샀다. 어른들도 서슴없이 군것질의 낭만을 즐길 수 있는 곳이 유원지가 아닌가. 손바닥에 스며오는 따끈한 감촉이 좋다. 번데기 하나 찍어 입에 넣으려니 어머니의 주름진 얼굴이 떠오른다.

봄이 되면 어머니는 농협공판장에서 잠란지(누에알 판)를 사 오셨다. 깨끗하게 청소를 한 방 한 칸은 성역 같은 잠실蠶室이 된다. 얼마 후 깨알 같은 누에가 꿈틀거리면 연한 뽕잎을 따다가 자잘하게 썰어서 살살 뿌려준다. 누에의 입이 어딘지도 모르겠고 먹는 소리도 들리지 않지만 뽕잎이 사라지면서 점점 누에 모양으로 보인다. 자잘하게 썰어주던 뽕잎은 적당하게 찢어서 주고 좀 더 자라면 통째로 얹어 준다. 한동안 쉬지 않고 먹기만 하는 누에는 먹보다. 먹성이 왕성한 누에가 뽕잎을 갉아먹는 소리는 보슬비 내리는 것처럼 들린다. 보스락보스락 사르르, 빗소리를 내며 먹고 자라기를 계속하던 누에는 어느 시기가 되면 첫잠을 잔다. 잠이 깨면 먹성은 더 좋아지고 이쯤 되면 뽕잎 따

나르기에 정신없이 바쁘다. 먹고 자기를 네 번 한 후에 누에는 먹는 것을 중지하고 누에고치를 만들 준비를 하며 섶에 오른다. 뽕잎의 조화인가 누에의 변신인가. 입으로 하얀 실을 뽑아 땅콩처럼 만든 고치 안에 자기 몸을 가두며 누에는 스스로 한 생애를 마감한다. 번데기가 된다. 번데기의 미래는 두 갈래로 갈라진다. 대부분은 비단을 만들어 내고 소수는 나방이가 되어 누에알을 까게 된다.

가을걷이가 끝나면 누에고치로 명주실을 뽑는 물레질이 시작되고 우리는 번데기를 기다린다. 팔팔 끓는 가마솥 안에 차례로 잠기는 누에고치는 어머니의 손놀림에 따라 뱅글뱅글 돌면서 명주실을 뽑아낸다. 마지막 한 올까지 다 뽑아내고는 부끄러운 듯 주름진 알몸을 내보인다. 번데기라는 이름으로 변신하여 사람들의 간식거리가 되어 준다.

번데기에 얽힌 우스꽝스러운 추억이 고개를 내민다. 어느 해 초겨울 어머니와 올케들은 마당에서 명주실을 뽑고 있는데 나는 방 안에서 어린 질녀를 꼬드겼다.

"네 머리 너무 길었으니 고모가 예쁘게 이발을 해 줄까?"
질녀는 도리질을 한다.

“이발을 하면 번데기 많이 먹게 해 줄게. 고모가 네 머리 멋지게 잘라 주면 넌 엄청 더 예뻐질 거야.” 하며 기어코 질녀의 동의를 얻어냈다. 그때, 왜 그리 가위질이 하고 싶었을까. 손재주가 있는 것도 아니고 누구의 머리를 한 번 잘라보지도 않았는데 어디서 그런 용기가 나온 것일까.

질녀의 손에 번데기 컵을 들려주고 머리를 자르기 시작했다. 사각사각 머리카락 잘라지는 가위질 소리가 즐거웠다. 묵은 것을 잘라내고 새것이 움터 나기를 기대하는 설렘인가. 머리가 잘려나간 하얀 살 속에 자리한 까만 모공에서 파릇한 꿈이 피어나는 것 같았다. 그러나 난생처음 하는 이발을, 그것도 바느질 가위로 하자니 이리저리 미끄러지는 가위질의 흔적은 누에가 갉아먹고 남은 뽕잎처럼 지저분하다. 맵시 있게 깎아주고 솜씨 좋다는 칭찬을 듣고 싶었는데, 이를 어쩌나. 서툰 가위질은 빗나가 급기야 질녀의 살에 상처까지 만들었다. 몸부림을 치면서 큰 소리로 우는 질녀, 쌀쌀한 날씨와는 상관없이 진땀을 뻘뻘 흘렸다. 결국 질녀는 이발소에 가서 짧은 단발머리로 다시 깎았고 나는 호되게 야단을 맞았다.

애매하게 애꿎음을 당한 우리 질녀, 그때는 나보다 한참 어리다고 번데기로 꼬드기며 나 하고 싶은 일을 하였다. 지금은 그녀와 함께 글쓰기를 한다. 감히 꼬드길 수 없는 선배이다. 살살 눈치를 보아가며 조언을 청해야 한다. 고모답게 좋은 글로 그녀 앞에서 으스대고 싶지만 잘못하다간 '번데기 앞에서 주름잡는 격'이 될까 봐 눈치가 보인다. 그러면서도 멋진 나방으로 승화하기를 희망하며 나는 글을 쓴다.

번데기 맛이 고소하다. 자꾸 손이 가는 맛이다.

그때

그때 우리나라는 국가적으로나 개인적으로나 참 어려운 시기였다. 피난민들은 부산으로 몰려들었다. 영도다리 밑에도, 수정산 자락에도 판자촌이 늘어난다고 라디오를 통해 전해 들었다. 전쟁의 영향을 크게 겪지 않은 시골에서 자란 나는 부산의 실상이 어느 정도인지 가늠조차 할 수 없었다.

비행기 한 대가 산보다 낮게 날고 있는 사진이다. 산등성이 밑으로 초가집들이 희미하고 아래로는 바다가 보인다. 비행기가 저렇게 저공으로 날고 있다니. 마을 사람들은 얼마나 두려움에 떨었을까. 사진 속 비행기가 산등성이 아래 마을에 폭격을 가해 혹 마을은 불바다가 되지는 않았을까.

그 시절, 우리 어머니는 신신당부를 하셨다. 길을 가다가 비행기 소리가 나면 빨리 숨어야 살 수 있다고. 그래서 비행기 소리만 들리면 우리는 "B29다." 하면서 치마폭을 뒤집어쓰고 땅바닥에 주저앉거나 콩밭으로 숨었다. 겁에 질려서 두 눈은 꼭 감아버리고 헐떡거리는 숨소리가 새어 나가지 않도록 콩밭에 납작 엎드렸다. 초록빛 자르르한 자태로 우리들의 키만큼 자란 콩밭은 감쪽같이 우리를 숨겨 주었다. 그렇게 꼼작 못 하고 있다가 비행기 소리가 좀 멀어진 것 같으면 실눈을 뜨고 살며시 하늘을 바라본다. 꽁무니에 하얀 줄을 그으면서 하늘 높이 아득하게 날아가는 비행기. 파란 하늘은 아무 일 없다는 듯이 투명하고 아름다운 모습인데 어린 가슴은 무섭게 콩닥거렸다.

'DDT를 살포하는 비행기'라는 설명이 사진의 뒷면에 적혀 있다. 일단 안도의 숨을 쉰다. 먹을 것도 부족하고 입을 옷도 마땅치 않았다. 목욕은커녕 세수마저 제대로 할 수도 없고, 가족이 함께 살 수 있는 집은 물론 잠 잘 곳도 마땅치 않았다. 이와 빈대와 벼룩마저 사람들을 괴롭히던 그때, 그나마 최선의 예방대책이 DDT를 살포하는 것이었다니. 쓴웃음이 나온다.

개울가에 커다란 드럼통이 세워져 있고 여인들 여럿이서 빨래를 하는 사진이다. 바윗돌에 빨래를 얹어놓고 방망이질을 하는 여인, 엉거주춤한 자세로 빨래를 헹구는 여인, 또 짝을 지어 빨래를 비틀어 짜는 여인들. 주위가 황량하고 긴 치마 저고리를 입은 걸로 보아서 겨울철인 것 같다. 그러나 여인들의 표정은 해낙낙해 보인다. 한겨울 추위쯤이야 대수롭잖게 여기며 무언가 도란도란 즐거운 분위기로 빨래를 하는 모습이다. 좀 별스런 빨래터라는 생각을 하면서 사진의 뒷면을 살핀다.

'거제도로 피난 온 세브란스 병원, 개울가에서 드럼통에 물을 데워 추위를 견디며 빨래하는 여인들' 이라고 쓰여 있다. 병원 자체로 피난 올 수밖에 없던 상황, 의료장비인들 제대로 옮겨올 수나 있었을까. 병원의 형편이야 어떻든 간에 환자들은 몰려들었을 것이다. 부족할 수밖에 없는 환의나 시트 등을 빨고 삶아서 재사용할 수 있게 하는 일 또한 다급하였으리라. 날씨 여하를 막론하고 쉼 없이 빨래를 하였겠지만 그나마 직장이 있어서 다행인 여인들. 사진 속의 표정이 말해 주고 있다.

운동장 같은 광장에 옹기종기 가족 단위로 모여 있는 사진이다. 클로즈 업 된 장면은, 땅바닥을 조금 움푹하게 파 놓고 큼직한 돌을 ㄷ자 모양으로 세웠다. 그 위에 솥을 얹어 놓았다. ㄷ자의 터진 쪽은 아궁이인가 보다. 그 가족의 어머니로 보이는 여인은 아궁이에 나뭇가지를 집어넣고 불을 때느라 입김까지 불고 있다. 솥 안에는 무엇이 들어 있을까. 식기류나 다른 살림살이 등은 보이지도 않는다. 그녀 곁에 꾀죄죄한 입성으로 쪼그리고 앉아 있는 남정네와 두 명의 아이들이 카메라를 향하여 환하게 웃고 있다. 저런 상황에서도 함박웃음이라니. 아무리 궁핍할지라도 가족단위로 모여 있어 행복해 하는 모습이다. 어려운 형편일지라도 환하게 웃을 줄 아는 우리 민족, 열악한 환경일지라도 긍정적으로 열정을 잃지 않는 모습이다. 그런 선조들의 삶을 돕던 선교사들은 대한민국의 미래를 낙관하였으리라.

한국동란이 일어난 다다음 해에 의료 선교사로 부산에 오신 멕켄지 선교사님은 부산에서 태어나서 유년 시절을 지낸 호주 분들이다. 본국에 가서 상급 학교 진학을 할 때부터 다시 한국에 나갈 결심을 하고 의학과 간호학 공부를 하셨다. 한국동란이 일어났다는 소식을 듣고 서둘러 부산에 오신 선교사님들. 피난민들로 들끓는 부산에 병원을 세우고 환자들을 진료하는 일만도 숨 가쁘게 바쁜 나날이셨다. 그런 와중에도 부산은 물론 우리나라의 이모저모와 한국인의 생활상을 조목조목 담아서 남겨 놓으신 사진이 구천여 점이다. 한 장 한 장의 사진마다 우리의 옛 모습이 아무런 보정 없이 민낯으로 담겨 있다. 수수하고 정겹기도 하지만 애잔하기 그지없다. 있는 그대로의 우리 전통을 사랑하신 그분으로 말미암아 어렴풋이나마 그때의 생활상들을 가늠해 볼 수 있는 셈이다. 의술로서 우리나라의 열악

한 모자母子건강의 기틀을 세워 주시고 사진으로 그때의 참상이 어떠했는지를 낱낱이 보여줘, 넘쳐나고 남아도는 우리의 지금을 뒤돌아볼 수 있게 해 주신 분들이다.

삶의 흔적이 역사로서의 가치로 남으려면 기록이라는 과정이 수반되어야 한다. 그러나 그 기록 또한 아무나 남길 수 있는 것도 아니다. 마음이 무거워진다. 나, 무엇으로 우리 삶의 흔적들을 남겨서 먼 훗날의 그들이 우리의 때를 가늠하게 할 수 있을까.

김치

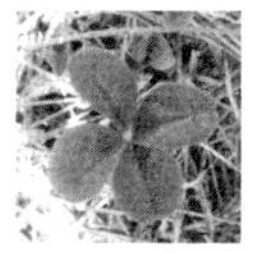

영국시장에 김치가 떴다. 대통령의 영국방문에 김치도 귀한 대접을 받는다. 영국신사들이 김치 맛에 반하였다. 매출이 껑충 뛰었다고 매스컴이 즐거워한다. 떴다, 라는 말을 하고 보니 자연스레 "떴다 떴다 비행기~"라는 동요를 부르게 된다. "높이 높이 날아라 우리 김~치"로 가사를 바꾸어 부른다. 그래 떴으면 날아야지.

미국에서도 영부인이 김치를 담근다는 뉴스가 화면 가득 보도되고 있다. 뉴욕의 한식집에도 김치 맛을 찾는 금발의 손님들이 북적거린다. 그뿐인가. 다문화 가족 며느리들이 친정나들이 가서 김치 맛을 선보인다. 힘들이지 않고 김치를 척척 버무리는 저들의 솜씨에 놀라움을 금치 못한다. 맵다고 하면서도 맛있어 하는 가족들을 보며 대한민국의 며느리임을 자랑하는 배짱이 참 보기 좋다.

김치가 지금처럼 국제적으로 알려지지 않았을 때 해외여행을 하면서 먹을거리로 고생하는 사람이 많았다. 필리핀에 한 열흘간 여행을 할 때였다. 처음 삼사 일은 현지식사를 맛있게 먹었다. 그러나 점점 니글니글한 뒷맛이 개운치 않아 우리의 짭짤한 반찬이 그리워질 즈음, 이○○님이 내놓은 김치와 고추장에 탄성이 터져 나왔다. 어떻게 숨겨가지고 다녔는지 그 재치가 감탄스러웠다. 그 수고에 차마 받아먹기가 민망하였지만 그래도 염치없이 모두들 달려들어 삽시간에 바닥이 나고 말았다. 와 ~ 그 개운한 맛, 김치의 매력에 넋을 잃었다.

김치는 그렇게 좋아하면서도 나는 김치 담그는 일이 매

우 서툴다. 핑계는 많이 있다. 김치 담글 기회가 없었노라고, 담그는 방법이 두루뭉술하여 감을 잡기가 어렵다고. 그중에 가장 고약한 것이 배추절임이다.

소녀 시절에 돌확에 보리밥과 붉은 고추를 북북 갈아서 열무김치를 만든 것이 내 첫 작품이다. '우리 딸 손맛이 참 좋구나.' 하신 아버지의 말씀에 우쭐하였다. 그래서 언제든 필요할 때 김치쯤이야 잘 담글 수 있다는 자신감이었다.

호주 멜버른에 있을 때이다. 기숙사에 있으니 음식을 만들어 먹을 수도 없었거니와 김치를 구할 수도 없는 시절이었다. 고국의 맛이 그리우면 단무지나 중국 식당에서 볶음밥을 사 먹는 게 고작이었다. 어느 날 용기를 내어 김치를 담그기로 했다. 소금에 절인 배추에 고춧가루와 마늘 조금 그리고 깨소금이 전부인 김치를 담아 밀봉하여 공동 냉장고 안쪽에 넣었다. 젓갈도 없는 김치인데도 혹 냄새 소동이라도 날까 봐 마음이 졸였다.

그렇게 한 5일을 기다렸다. 이제는 익었겠지. 밥을 하고 김치 병을 갖고 방에 들어와 문을 잠갔다. 얼마 만에 먹게 되는 김치인가. 잔뜩 기대를 하면서 김치 병을 열었는데,

허~ 담글 때보다 더 싱싱해진 배추에 어안이 벙벙하였다. 아직 덜 익어서 그렇겠지. 익기를 기다리며 다시 냉장고에 넣기를 몇 차례 더 반복하였다. 그래도 같은 상태이다. 김치도 타국의 눈치를 보느라 맛을 내지 못하는 것일까. 하는 수 없이 버리기로 결정하고, 어떻게 버릴까 궁리하다가 근무시간에 쫓겨 방에 둔 채로 출근을 하였다. 퇴근 후 버리기 전에 한 번 열어나 보자 했는데, 아~ 확 풍겨 나오는 김치 냄새. 김치다운 맛이 아닌들 무슨 상관인가. 서둘러 밥을 지어서 허겁지겁 먹었다. 핑그르르 눈시울이 뜨거워지는 맛이었다.

신혼 때 솜씨 있게 김치를 담그리라 생각하고 배추를 절였다. 아침에 일어나 보니 간이 하나도 되지 않아 낭패를 보았다. 다음번에는 소금을 조금 더 쳤더니 이번에는 너무 짜서 탈이었다. 그 후 바쁘다는 핑계로 남의 손에 맡기다가 퇴직 후에는 이제 식구도 둘뿐인데 하고 김치 담그는 것을 기피하고 있다.

"택뱁니다." 하는 소리는 아직도 나를 설레게 한다. 궁금증과 기대감으로 붕 뜬 기분이 되어 현관문을 열어놓고 서성거린다. 누가 무엇을 어떤 사연으로 보내 왔을까. 수취인임을 확인하고 들여놓은 묵직한 박스 4개. 아~ 단번에 감이 잡힌다. 김치다. 두둥실 하늘 위를 나르는 기분이다. 세상 부러울 것 없는 부자가 된 마음이다. 입 안에서 침이 꼴깍 넘어간다.

고향집에 김장하는 날이면 완전히 잔치 분위기였다. 꽃샘추위 못지않게 김장추위가 매서워도 대가족이 한데 모여 그저 즐거운 웃음이었다. 뽑고 나르고 다듬고 절여서 씻은 무 배추가 산더미 같이 쌓인다. 갈고 찧고 썰고 끓이고 버무린다. 배불뚝이가 된 항아리들로 장독대가 그득하다. 남자들은 흙구덩이를 판다. 흙구덩이 속으로 들어간 항아리는 고개만 쏙 내밀고 있다. 동지섣달 다 보내고 정이월까지 기다려도 될 것이니 느긋하게 동면이라도 청하려는 기색이다. 세상 부러울 것 없이 넉넉하고 푸근한 장독대의 정경이다.

지금도 올케언니와 함께 조카들 칠남매가 모여서 그렇게 거창한 김장 판을 벌인다고 한다. 웃고 떠들며 김장하는 모습들이 눈에 선하다. 고향집을 지키며 김치를 보내주는 올케언니가 있어 고맙고 행복하다. 고향 맛이 흠뻑 배인 김치가닥이 입안에서 매콤하고 고소하게 아삭거린다. 꿀맛이다.

깨소금 듬뿍 묻힌 김장배추 가닥을 입에 넣어주시던 엄니의 손길이 그립다.

그의 이름은

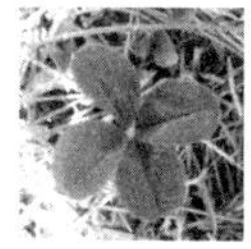

나는 그를 찾으려고 일부러 애쓰지 않는다. 그저 내 가는 길가에 자리하고 있는 그들에게 눈길을 주며 걸어갈 뿐이다. 무심히 걷노라면 그는 느닷없이 '나 여기 있소.' 하고 고개를 쳐든다. 그럴 때마다 그냥 지나치지 못하고 발걸음을 멈춘다.

가던 길을 멈추어 선다는 것은 특별한 의미가 있을 때이다. 사람끼리라면 반가움일 것이고 사물이라면 어떤 가치나 아름다움의 경지일 것이다. 평범하기 그지없는 그가 사람들의 이목을 끄는 것은 그의 이름 때문이다. 그의 이름은 네 잎 클로버, 행운幸運을 의미하는 마스코트다. 행운이란 인간의 노력이나 의지를 초월하여 일어나는 천운天運이라는 뜻이란다.

클로버는 꽃보다 잎이 더 예쁘다. 어렴풋한 하트 모양의 세 잎이 하얀 테두리로 모양을 내고 서로 맞대어진 모습이 참으로 단아한 아름다움이다. 평온한 안정감으로 느껴진다. 그래서일까. 성 파트리치오 신부가 아일랜드에 교리를 처음 전하며 삼위일체론을 설명할 때 클로버 잎으로 비유하였다. 그로 인하여 클로버는 아일랜드의 상징으로 표현된다고 한다.

반면 우리나라는 토끼풀이라고 부른다. 클로버의 하얀 꽃이 토끼 꼬리를 닮았다 해서 붙여진 이름이다. 토끼풀이라는 이름이지만 기실 토끼는 토끼풀을 좋아하지 않는다. 토끼풀을 먹으면 오히려 독이 되기 때문에. 그것도 모르고 어렸을 때, 토끼풀을 열심히 뜯어다 먹였으니 이를 어쩌면 좋아.

클로버의 꽃말은 행복幸福이다. 행복이란 자신이 원하는 욕구나 욕망이 충족되어 만족하거나 즐거움을 느끼는 상태를 말한다. 세 잎 클로버가 행복이라면 굳이 네 잎을 찾겠다고 애쓸게 무엇인가. 삶 속에서 욕구나 욕망이 충족되지 못하여 행복함을 못 느끼기 때문에 행운을 바라는 것일까.

보물찾기나 행운권 추첨 등에서 대체로 빈손인 나, 네 잎 클로버는 잘 찾는 편이다. 아니 그들이 내 눈에 잘 띈다. 그들과 눈이 마주칠 때마다 행운을 얻었다는 기쁨보다는 어떤 안쓰러움이 느껴진다. 세 잎이 정상인 클로버 세계에서 네 잎이라면 돌연변이가 아닌가. 돌연변이이기 때문에 친구들에게 따돌림을 당하는 것일까. 내 눈에 띄는 그들은 대개 무리에서 조금 벗어나 있거나 외돌게 솟아나 있다. 외로운 모습이다. 어쩜 소수의 네 잎인 그들은 세 잎 친구들의 따가운 시선에서 벗어나고 싶었는지 모른다. 행운이란 이름도 세 잎 클로버의 무리 속에서는 행복하지 않은 모양이다. 나는 네 잎 클로버가 보이는 대로 뜯어 와서 성경책 속에 넣어준다. 공부를 하고 싶은 그들이 내 눈에 자꾸 띈다는 생각이 들어서. 책 속에서 그들은 지루한 줄도, 해가 바뀌는 줄도 모르고 공부를 한다. 읽고 또 읽고, 생각하고 음미하며 토론도 하고. 공부하는 재미에 쏙 빠져있다. 책 속에 있는 그들은 한해살이가 아니다. 행운이라는 이름만으로 행복하지 않던 네 잎 클로버가 이제야 행복해 보인다. 나도 한때 그렇게 공부에 목말라 한 적이 있다. 뒤늦게나마 공부를 할 수 있었던 것은 참 다행스러운 행운이다.

돌연변이인 네 잎 클로버가 우세스럽지 않고 오히려 사랑받는 행운의 마스코트가 된 것은 나폴레옹에 얽힌 일화 때문이리라. 전장에서 우연히 눈에 띈 네 잎 클로버. 신기하여 그것을 살펴보려고 허리를 숙였는데 마침 총알이 비껴가서 나폴레옹이 죽음을 면했다고 전해진다. 그게 근거 있는 일화여서일까. 네 잎 클로버는 행운이라는 이름으로 사람들의 사랑을 받게 되었다.

네 잎 클로버를 찾기 위하여 세 잎 클로버들을 짓밟지 말라는 말이 있다. 행운이 어디, 네 잎 클로버 하나 찾았다고 또는 어떤 마스코트 하나 간직하였다고 그저 따라오는 것이던가. 우리의 생활 속에 사소하게 담겨진 일상들이 행복의 파편이고 행운이라는 것을 일깨워주는 말이리라.

엊그제 경품함에서 뜻밖에 내 이름이 불려졌다. 그것도 십대 일의 경쟁을 뚫고서. 예기치 않은 행운이다. 그저 격려의 차원에서 준비된 경품이니 특별한 것은 아니지만 당첨되었다는 그 사실이 놀라웠다. 놀란 기쁨으로 지나온 날들을 돌이켜보니 모두가 행복이었고 행운이었음에 감사한다.

감사로 들떠 있는 귀에 박수소리가 들린다. 내 성경 책 속에서 행복하게 공부하고 있는 네 잎 크로버들이 보내주는 축하의 소리다. 그의 이름은, 나는 돌연변이 토끼풀이라 부른다.

9월이 오면

사랑하는 어머니. 가늠할 수 없는 높이로 쪽빛 평원을 이루는 하늘이 하얀 양떼들의 그림을 그리고 있습니다. 청순하게 피어나는 코스모스는 서늘하게 불어주는 바람과 함께 하늘거리는 춤사위를 즐기고 있고요. 투명하게 쨍한 햇빛은 원색으로 철들어가는 가을 열매들을 고개 숙이게 합니다. 하늘과 땅, 산과 들 모두 사랑할 수밖에 없는 풍성한 계절입니다.

9월이 오면! 괜스레 그 말이 참 좋았습니다. 9월이 오면 무언가 즐거운 일이 새록새록 생길 것 같았습니다. 그렇게 9월은 여러 차례 환호의 기쁨도 안겨주었지요. 그러나 88 올림픽의 열띤 함성이 전국에 물결치던 그해 가을 이후로는 커다란 슬픔 하나가 딸의 마음 깊숙이 자리하고 있습니다. 주위의 온갖 풍성함을 외면한 채 외롭고 먼 길 홀로 떠나신 어머니를 생각하면서…….

고명딸을 가까이 두고 싶으신 어머니의 마음을 헤아리지 못하였습니다. 바느질실을 끼워 달라시면 부러 길게 끼워드렸지요. 자꾸 끼우기가 싫어서. 이렇게 길게 끼면 멀리 시집가게 된다고 서운해 하시던 어머니. 우려하시던 대로 딸은 멀리 시집을 왔네요. 그리고 직장 생활까지 하느라 친정나들이는 2~3 년에 한 번 정도로 갈 수밖에 없었지요. 필요 없는 아집의 결백을 주장하느라 어머니를 제대로 모시지 못한 일들이 지금은 이렇게 후회스런 눈물이네요.

1987년 늦가을 저녁, 딸은 어머니의 생신을 축하하고 돌아오는 길에 끔찍한 교통사고를 당하였지요. 불타고 있는 고속버스 속에서 11명이나 사망한 사고, 마지막으로 살아나온 딸은 살아남은 자 중 가장 심각한 부상을 당하였지요. 티브이 보도망까지 오른 참사의 장면을 노쇠하신 어머니가 보지 않으신 것이 천만 다행이라고 하면서, 그 사실을 어머니에게는 비밀로 하자고 우리끼리 약속했었지요. 딸의 사고 소식을 듣는 충격으로 어머니가 쓰러질 것을 염려하면서.

그러나 반년이 넘도록 회복되지 않는 건강상태로 어머니와 통화도 할 수가 없었지요. 왜 전화도 없느냐고 궁금해 하는 어머니께 올케는 어머니께서 밖에 계실 때 전화왔었다고, 잘 지내고 있다고 했고요. 이상한 낌새와 궁금증을 해소할 수 없음이 오히려 어머니의 정신건강의 끈을 놓게 한 것은 아니었을까 후회가 됩니다.

어머니가 몸져누우셨다는 소식을 듣고도 한참 후에야 찾아간 딸을 알아보지도 못 하셨지요. 어린애처럼 가벼워진 어머니, 아무것도 해드릴 게 없어 그저 욕창 방지를 위해 목욕과 마시지만 해 드렸지요. 직장에 얽매인 몸, 고작 하룻밤만 자고 돌아서 오는 차 안에서 딸은 염치없이 서럽게 흐느껴 울었답니다. 그리고 일주일 후 맑고 고운 그 가을날에 어머니께서 먼 길 떠나셨다는 소식을 들었지요.

딸은 지금까지의 삶, 매 순간을 최선을 다하며 살았노라고 그래서 후회는 없다고 감히 말할 수 있습니다. 그러나 오직 한 가지 후회할 수밖에 없는 이 아픔은 어머니의 생애 마지막 일 년을 어머니와 가장 소원疏遠하게 지낸 것 때문입니다. 어머니가 가장 두렵고 외로웠을 그 시기에 전화도 못 드리고 찾아뵙지도 못한 불효를 이제는 만회할 길이 없습니다. 교통사고의 흔적이 회복되지 않은 모습 그대로 통화하며 모녀간의 정을 나누었더라면 어머니는 더 오래 우리 곁에 계셨을지도 모르는데…….

이제는 9월의 햇빛이 찬란할수록 딸의 마음은 울컥울컥한 눈물입니다. 남은 삶 똑같은 후회는 다시 하지 말아야 할 터인데 그 또한 자신도 없습니다. 그러나 어머니의 인자하심과 수용하심의 성품 본받아 열심히 노력하며 살겠노라는 다짐에는 자신이 있습니다.

어머니, 보고 싶습니다. 사랑합니다.

너를 그린다

누군가가 나를 부르는 것 같은 소리에 잠이 깨었다. 소리 나는 쪽으로 눈길을 돌린다. 희붐하게 보이는 그곳, 아 봉창封窓이 아직 그대로구나. 창호지 봉창을 통하여 들리는 빗소리는 정갈하고 정겹다. 잠은 이미 멀리 달아났다.

고향마을은 30여 호의 초가집들이 'ㅗ' 자 모양으로 옹기종기 아늑하였다. 동네 한가운데 세로로 큰 길이 있고 그 중간쯤 오른쪽에 동네우물과 논밭들이, 논들의 아래에는 커다란 방죽이 있다. 왼쪽에는 회당과 대여섯 채의 집들이 있고 'ㅗ' 자 길 꼭대기에는 방앗간이다. 방앗간 앞으로 난 신작로는 읍내로 통하는 길이다. 가로로 길쭉하게 자리 잡은 집들의 뒤란은 대부분 대나무 밭이었고 그 뒤로 나지막하게 뻗쳐있는 산을 우리는 뒷동산이라 불렀다. 뒷동산에는 우람스런 소나무들이, 아까시와 싸리나무, 맹감나무와 찔레꽃, 잔디와 삘기 등도 있고 또 어느 가문의 커다란 뫼와 상석도 있었다.

집 뒤 대나무 숲에는 대대로 우리들의 이야기가 담겨 있다. 아버지와 오빠들에게는 전쟁 역사의 아찔한 사연이 얽힌 반공대피소로, 나와 조카들에게는 귀신 이야기가 들려지는 공포의, 그러나 숨바꼭질의 스릴이 함께하는 즐거운 놀이터였다. 다 자란 대나무는 텃밭의 울타리도 되고 닭의어리, 대비, 소쿠리로도 만들어진다. 비가 내리는 날이면 바람과 함께 사르륵거리는 대나무 숲의 소리는 고향집의 노래였고, 하얀 눈발과 어우러진 겨울풍경은 한 폭의 그림이었다.

동네우물은 참으로 신기한 샘물이었다. 집에 우물이 있는 서너 채 외의 동네 사람들이 식수로 퍼 나르고, 푸성귀도 씻고, 빨래도 하고, 김장도 하지만 부족함이 없었다. 필요로 하는 양이 퐁퐁 솟아났다. 달빛이 없는 여름 저녁이면 여인들의 샤워장도 되었다. 밤 동안 퍼 쓰지 않았어도 흘러넘치는 일은 없었다. 아침이면 바가지로 퍼서 쓸 수 있을 만한 수위까지 차서 구름을 안고 있는 모습은 어떤 신령한 위엄마저 느껴졌다. 물맛은 시원하고 달았다. 찬물 그대로 마셔도 배탈 염려도 없었다. 우물터는 스스럼없이 흉금을 털어내는 동네 여인들의 사랑방이었다.

회당은 동네일을 의논할 때에 어른들이 수시로 모이는 장소요, 정월 대보름이면 사물놀이가 시작되는 곳인가 하면 우리들에게는 신파극의 무대가 되기도 하였다. 전쟁 때는 불온분자니 반동분자니 하며 가택수색을 하려고 동네 사람들을 강제 집합하던 장소이기도 하였다. 강제 집합 때마다 어른들에겐 피를 말리는 순간이었다지만 어린 우리들은 "전우의 시체를 넘고 넘어~"와 "장백산 줄기줄기~"의 노래를 배운 장소이기도 하다.

방죽은 동네 사람들의 겨울 놀이터였다. 방죽물이 꽁꽁 얼면 오빠들은 스케이트를, 우리들은 썰매를 탔다. 빙판 위에서 팽이 돌리기도 스릴 만점이었다. 스케이트와 썰매, 팽이 등은 솜씨 있는 어른들이나 오빠들이 손수 만든 것이지만 모두들 있는 그대로 만족하였다. 간혹 방죽물이 설핏언 것을 헤아리지 못하고 들어갔다가 방죽 물에 풍덩하는 불상사도, 얼음이 녹는 것을 모르고 놀다가 발이 빠지는 경우도 있었다.

뒷동산은 누가 말하지 않아도 동네의 자랑이요 자존심이었다. 어른들은 사색과 명상의 장소로, 청소년들에겐 꿈과 낭만의 아지트로, 아이들에겐 신나는 놀이터였다. 단옷날이면 여인들은 그네타기를 즐겼고, 송아지와 염소들의 목장도 되었다. 뒷동산 초입에는 모정이 있었고 모정 주위 사방에 배롱나무가 매끈한 자태를 뽐내며 백일을 꽃피웠다. 여름이면 어른들은 오수를 즐기고, 아이들은 배롱나무 꽃봉오리로 소꿉장난을 하느라 해가 저무는 줄도 모른다. 북쪽으로 펼쳐진 천수답 끝에는 초등학교가 있고, 소나무 사이로 넘어가던 해넘이는 또 한 폭의 아름다운 수채화였다.

오랜만에 찾은 고향마을이 왠지 낯설다. 방앗간이 없어졌나 보다. '두지리'라는 지표를 못 보았다면 그냥 지나쳐 버릴 뻔했다. 설레는 마음으로 들어선 마을, 왠지 어수선하게 보인다. 두리번거려지는 눈길, 동네우물이 없어졌다. 윤기 자르르하던 추억 한 가닥이 막혀버린 듯 현기증이 인다. 핑그르르한 마음으로 집에 들어간다. 함박웃음으로 맞아주는 올케와 질녀, 그러나 고향집도 무언가 허전한 느낌이다. 올케와 회포도 풀기 전에 나는 먼저 뒤란으로 향한다. 어릴 적 추억의 요람인 감나무와 대나무 밭은 옛 모습 그대로일까.

성장을 멈추어버린 듯 까맣게 여윈 감나무, 안쓰러운 마음에 한번 보듬어주기라도 하려는데 그보다 더 놀랍게 눈에 들어온 광경. 그 울창하던 대나무들은 다 어디로 갔단 말인가. 사철 초록으로 싱그럽던 대나무밭 대신 황량한 황토언덕이다. 울타리를 대신하던 대나무 밭이 없어졌으니 뒤란뿐 아니라 우리 집 자체가 그저 발가벗은 것 같은 민망함이다. 놀란 마음에 황토 흙을 질근질근 밟으며 올라가 본다. 아무런 경계도 없이 바로 뒷동산으로 연결된다. 아~ 이를 어쩌나. 뒷동산도, 소나무들도, 모정도 다 없어졌다. 사과나무 그득한 과수원으로 변해버린 뒷동산. 그러나 과수원의 운치마저 느껴지지 않는다. 허탈한 마음속 깊이에서 울먹거리는 절규, 옛말이 되어버린 고향마을에 차마 미안하다는 말마저 할 수가 없다.

차분하게 계속 들리는 빗소리. 조곤조곤하게 집안일을 의논하며 새벽을 여시던 어머니 아버지의 대화소리처럼 정겹다. 그러나 사르륵하게 추임새를 넣어주던 대나무 숲의 소리는 아니 들린다. 아니 들리는 소리 때문에 네가 더욱 그립다.

〈전북 정읍군 이평면 두지리 76번지〉라 칭하던 너. 공허해진 마음의 화폭에 너를 그린다. 마침표를 찍기 싫은 마음 한구석에서 슬며시 고개 내미는 가곡, 〈옛 동산에 올라〉가 떠오른다. 예사로이 즐겨 부르던 그 노랫가락이 이렇게 기막힌 감정으로 읊어진 것이었던가.

비가 내린다.

2. 꼬끼오 메들리

1968년 10월,
무등산 입석대 앞에서

내 마음속에도 낮은 곳으로 흐르는
물줄기 하나 품어야겠다. 물은 생명이다.

꼬끼오 메들리

새벽을 깨우는 닭의 울음소리는 고고하고 청아하여 듣기가 좋다. 닭들은 그 고운 소리를 타고난 줄 알았고 예사로 들어왔다.

지난여름, 나주의 한 농촌마을에서 연대를 달리한 네 여인이 함께 민박을 하였다. 도시에서 볼 수 없는 풍경들. 넓은 마당과 낮은 담, 담장 벽에 기대어 올망졸망하게 열린 호박들, 담장 밑에 원색으로 어우러진 여름 꽃들. 낯선 사람들이 들이닥쳐도 짖지 않고 꼬리만 흔드는 흰둥이, 마당 한쪽에 자리한 커다란 닭장 안에는 삼사 대도 넘을 것 같은 닭들이 구구구. 대문 밖 길옆의 논에는 알 배기 시작하는 나락들이 풍성하다. 전깃불로는 다 밝힐 수 없는 촌가의 어둠, 고개를 쳐들면 저 높이서 하나둘씩 반짝거리며 고개 내미는 별들. 시골스런 잠자리까지 낯설어 오히려 까르르한 웃음과 수다 떨기로 자정을 넘기다가 어느 순간 잠이 들었던가.

잠결에 들려오는 꼬끼오 소리에 선잠이 깬다. 연습하는 기척도 없었는데 어떻게 저리 고운 소리를 낼 수 있을까. 마치 목청 좋은 테너의 노랫소리처럼 기품 있게 들린다. 새벽 닭 우는 소리가 이렇게 듣기 좋은 소리였던가. 깔끔하고 곱게 뽑아 올리는 꼬끼오 소리에 호강스런 귓전은 설친 잠을 탓하지 않는다.

한 시간쯤 지났을까. 두 번째 꼬끼오 소리에 다시 잠이 깨었다. 역시 듣기 좋은 소리구나 하면서 좀 더 자려고 하는데, 이어 들려오는 꼬끼오 소리. 그런데 이건 아까와는 다른 소리다. 바리톤 풍의 투박하고 어설픈 소리, 아직 무대에 서기에는 준비가 안 된 서툰 소리에 듣는 귀가 조마조마하다. 의아해하는 청객의 기분이야 알 바 아니라는 듯 다시 테너의 고운 소리, 그리고 바리톤 풍의 서툰 소리가 두세 번 반복된다. 고수 아버지가 아들에게 닭소리를 전수하는 중인가 보다. 흘깃 훔쳐본 시계는 새벽 네 시를 가리키고 있다. 부지런한 농부들은 어느새 사립문 밀치는 소리가 들리는 듯도 하지만 우리는 다시 잠을 청한다.

세 번째 닭 우는 소리가 또 들린다. 여니 테너의 소리가 먼저 그리고 바리톤의 소리. 그렇게 반복되나 싶었는데, 어라 이건 또 무슨 소리. 아직 변성기인 사내아이의 소리처럼 폭 가라앉은 투박한 저음으로 끊어질 듯 가까스로 이어지는 꼬끼오 소리에 나는 그만 폭소를 터뜨린다. 청중이야 웃건 말건 고운 테너의 소리와 덜 다듬어진 바리톤 소리, 그리고 고장 난 것 같은 베이스 풍의 소리가 반복된다. 할아버지와 아들과 손자까지 삼대가 함께 하는 꼬끼오 메들리가 꿋꿋하게 새벽을 깨우고 있다. 아, 닭들도 저렇게 훈련과 연습과정을 거치는구나, 하는 생각을 하며 웃음을 멈춘다.

문득 가족가창을 준비하던 우리 모습이 떠오른다. 가정의 달 오월이면 교회에서 가족가창 대회가 있었다. 노래를 잘하고 못하고를 떠나서 함께하는 가족애로 기쁨이 되는 기회이다. 우리 가족도 참여하고 싶었지만 아이들은 한사코 거부하였다. 3회째가 되던 해, 내 승진을 축하하는 선물로 한 번만 참여하자고 졸라서 가까스로 기회를 얻었다. 드디어 준비와 연습을 시작한다. 성량이 풍부한 남편은 베이스 파트를, 아들의 고운 소리는 테너도 소화할 수 있고, 딸은 소프라노를, 나는 알토를. 연습만 잘하면 근사한 4부 가족창이 될 것이다. 주말마다 피아노 앞에 둘러서서 연습을 거듭하였다. 딸이 짚어주는 피아노 음을 따라 파트별로 연습을 하고 화음을 맞추어 본다. 그러나 엉뚱하게 튀어나오는 음이나 박자 때문에 아름다운 화음은 저 멀리 달아나고 웃음판만 벌어진다. 드디어 D day, 겉돌기만 하는 화음 때문에 결국 단순 중창이 되고 만다. 듣는 귀들이야 단조롭건 말건 우리는 그저 당당하고 행복하게 가족 창을 불렀던 그 추억이 새롭다.

불현듯 닭들은 참 억울하겠다는 생각이 든다. 저들도 나름대로 희로애락의 감성으로 삶을 말하고 노래를 부르고 애정을 표현하며 자유롭게 살도록 지음을 받은 동물일 텐데. 사람들은 닭의 소리를 한마디로 운다고 지칭한다. 우는 소리란 대체로 부정적인 표현의 대명사가 아닌가.

닭의 해, 정유년이 저물기 전에 닭에 대한 예우가 예스러워지기를 기대해 본다.

팬터마임

차창 멀리 보이는 가을 산들이 빨갛고 노랗게 물들었다. 실크스카프를 두른 듯 화사하면서도 우아하게 아름다워서 탄성이 터져 나온다. 휙휙 지나가는 가로수의 단풍도 곱디곱다. 그러나 차가 조금 천천히 달리는 순간에 나는 그 고운 단풍의 메마른 피부를 보았다. 순간 환호하던 감성에 멈칫함이 느껴지는 것은 무엇을 의미하는 것일까. 청춘의 상징인 봄의 꽃들은 가까이서 보아야 아름답다는데 노년을 의미하는 가을단풍은 멀리서 볼 때가 더 제격인가 보다. 단풍고운 산등성이 길을 벗어나니 잔잔하게 펼쳐진 서해바다. 여성스러움을 풍기는 매력에 안도하며 도착한 곳은 충남 서천의 마량진 해안 마을이다.

'한국 최초 성경 전래지 기념관'에서 그 이야기를 들으며 나는 팬터마임pantomime이 떠올랐다. 동시에 우스꽝스런 콧수염, 길쭉한 모자, 헐렁한 바지, 꽉 달라붙은 조끼, 빨간 장미. 그리고 지팡이를 들고 뒤뚱거리는 걸음으로 슬픈 웃음을 웃게 하던 희극배우 찰리 채플린이 생각났다. 그는 오직 몸짓으로 모든 것을 표현할 뿐 대사는 없었다. 그러나 지금 듣는 이야기의 주인공들은 자기 입장에서 자기나라 말로 열심히 설명을 한다. 그러나 상대는 물론 본인도 무슨 말인지 알아듣지 못하는 안타까움에 몸짓을 할 수 밖에 없는 상황이었으니, 채플린 시대의 팬터마임이라고 말할 수는 없겠다.

때는 1816년 9월 3일. 영국의 암허스트 사절단인 라이러 호 함장 바실 홀 대령과 알세스트 호를 이끈 머리 멕스

웰 함장 일행이 의도치 않게 마량진 해안에 정박한다. 그때까지 조선은 아직 서양에 잘 알려지지 않은 나라였다. 청나라로 향하던 그들은 며칠간이나마 서해와 조선의 생활상을 탐색하고자 했다. 그러나 조선인들은 그들의 상륙을 철저히 방어한다. 통역관도 없고 말도 통하지 않는 상태에서 손짓, 몸짓과 표정을 동원한 팬터마임이 시작된다.

영국인 함장은 우호적으로 탐사만 할 것이니 마을을 살펴볼 수 있게 허락해 달라고 통사정한다. 조선인 수장은 상부의 허락 없이 외인을 들이면 모가지가 달아난다는 시늉으로 완강하게 막아선다. 생전 처음 보는 사람들에 대한 호기심으로 마을사람들은 우르르 몰려나와 기웃거린다. 틈새를 놓치지 않고 영국인들은 조선여인들과 아이들의 차림새를 읽는다. 그리고 조선 여인들의 신발이 중국 여인들처럼 전족纏足*이 아님을 보고 안도한다. 잠시 상륙하여 조선인의 생활상을 보고 싶다고 아무리 설득해도 통하지 않는다. 하다못해 무력으로 상륙해 보려는 소동도 있었지

* 전족纏足 – 여자 아이의 발을 어느 정도 이상 성장하지 못하도록 하던 방법. 중국 청대 말에 폐지되었다고 한다.

만 실패한다. 결국 마을에는 발을 못 들이고 모든 대화는 함선 안에서 계속된다.

조선인들은 함선 안에서 본토인의 당당함으로 이것저것 구경도 하고 대접도 받으며 영국문물에 관심을 보인다. 조선인들의 환심을 사기 위하여 영국인들은 선물공세도 펼쳐보지만 조선의 양반정신은 정중히 거부한다. 진전을 보이지 않는 실랑이를 하다가 마침내 조선인 수장은 지필묵을 대령하라 명한다. 그리고 "어느 땅의 사람들이냐, 무엇 때문에 여기 왔느냐? 이 배 안에는 문서를 완전히 이해하고 설명할 만큼 배운 사람이 없는가?"라고 써서 의기양양하게 전한다. 무슨 말인지 알 수 없는 영국 함장은 어깨만 으쓱하고, 자기도 글을 써서 수장에게 전한다. "I do not understand one word that you say." 조선의 한글과 한자가 영국인에게, 영어가 조선인에게 최초로 선을 보인 날이다. 서로의 글이나 언어를 알 수 없음을 깨달은 그들은 그렇게 팬터마임으로 답답한 대화를 하며 이틀을 보낸다.

9월 5일. 더 이상 머물러 있을 수 없는 영국인 함장,

아쉬운 마음으로 이제 떠나야 한다는 의사를 표명한다. 안타까운 마음의 조선인 수장은 상부에서 지시가 올 때까지 2일만 더 기다려 달라고 한다. 그러나 청나라와의 무역거래가 주목적이었던 영국 함선은 결국 떠날 준비를 한다. 대화가 끊긴 수장의 침울한 시선이 무심히 주시한 곳은 책꽂이에 꽂혀 있는 커다란 책. 함장은 수장이 그 책을 갖고 싶어 한다고 생각하고 선물로 준다. 그러나 수장(첨사 조대복)은 완강히 거절한다. 체면 때문에 선물받기를 거절한다고 생각한 함장은 헤어지기 직전에 다시 그 책을 억지로 전해주고 떠난다.

무슨 책인지도 모르고 무심결에 받은 커다란 책. 그 책이 바로 조선에 처음으로 전해진 성경책, 1611년에 발간된 킹 제임스 성경이라 한다. 겉표지가 가죽으로 돼 있어 지금도 옛 모습 그대로 마량진 기념관에 보관되어 있다. 아무런 의도나 목적 없이 전해진 성경책이 우리나라에 기독교를 전하는 귀중한 씨앗이 되었다.

소통되지 않는 언어의 장벽, 엇갈린 주장. 소기의 목적도 달성하지 못하고 떠나는 마당에 선뜻 성경을 선물로 남기고 떠난 머리 멕스웰 함장. 그는 과연 영국신사다웠다고 말하고 싶다. 선물, 주는 것이 받는 것보다 더 복이라고 한다.

오리고매

고매를 아시나요. 오리고매는요.

오래전 어느 티브이 장학퀴즈에서였어요. 그 문제의 내용은 설명할 수 없지만 그 답은 나도 아는 것이어서 조바심이었지요. 한 학생이 버저를 누르고 "정답, 고매."라고 외쳤어요. 아니 그게 아닌데 라고 내가 생각할 때에 사회자도 "아닙니다, 답은 세 글자입니다."라고 했어요. 그 학생은 다시 불끈한 목소리로 "물고매."라고 했어요. 사회자가 "아닙니다. 안타깝습니다."라 하자, 다른 학생이 다급하게 "고구마."라고 말했어요. 사회자는 그제야 "정답입니다."라고 했지요. 고매라고 외쳤던 학생이 억울한 표정으로 "제가 고매라고 말했잖아요." 하고 울상을 짓던 기억이 아직도 생생합니다. 고매가 고구마인 것을 저도 그때에 알았지요. 이래서 사람은 평생 배우며 사는 것임을 잊지 말아야 한다니까요.

고구마라는 말이 나오면 마음이 훈훈해지는 것은 어인 이유일까요. 울퉁불퉁 볼품없는 모양새이지만 빨긋한 색깔이 따스한 정감으로 느껴집니다. 우리 어릴 적에 허기진 정서를 달래주는 유일한 간식거리가 고구마였지요.

가을걷이가 끝나면 큰방 윗목에는 수수깡둥우리가 세워지고 그 안에 고구마로 가득 채웠지요. 고구마밥은 달짝지근하게 맛이 있고, 찐 고구마는 여럿이 둘러앉아 정담을 나누는 맛에 더 달콤합니다. 군고구마야말로 구수한 분위기를 풍기는 간식거리였고, 생고구마를 깎아서 오돌오돌 씹어 먹는 맛도 일품이었지요. 고구마튀김은 명절에나 맛

볼 수 있었고요. 손님용으로 감추어 둔 고구마엿단지를 엄마 몰래 떠먹는 재미도 쏠쏠했어요. 소리 없이 줄어드는 엿 단지를 모르는 척 눈감아주는 엄마 덕분에 내 이는 그렇게 빨리 상했는지도 모릅니다. 긴 겨울이 지나면서 차츰 홀쭉해지기 시작하던 고구마 둥우리는 초봄에 이르면 바닥을 드러냅니다. 어느 순간 고구마 둥우리가 없어지고 큰방 윗목이 휑뎅그렁해지면, 우리는 허전해진 감성을 채워 줄 무엇인가를 찾아 들로 산으로 나갔습니다.

간식거리가 많아지면서 한동안 홀대를 받던 고구마가 요즘은 건강식으로 자리매김하면서 다시 인기를 얻고 있네요. 지난해 지인이 고구마 한 박스를 보내왔어요. 시골에서 직접 농사지은 거래요. 한 박스를 우리가 다 먹을 수 없을 것 같아 두세 꾸러미로 나누었어요. 나누다 보니 그중에서 오리 모양의 고구마가 나왔어요. 영락없는 오리예요. 눈도 있고 부리도 있고 하물며 꼬리도 있어요.

어쩜 그해 여름 황토밭에서 한창 물오를 때 가뭄이 심했을까요? 물을 마시고 싶은데 메마른 황토밭에서는 물기를 찾을 수 없고, 비는 내리지 않았다면 그 갈증이 얼마나 심했을까요. 그럴 때 자연스레 꿈꾸는 것은 냇가에서 시원하게 물놀이를 즐기는 오리를 떠올렸을 테지요. 왜 그런 말이 있잖아요. 무언가를 골똘히 생각하며 간절히 기다리다 보면 닮은꼴이 된다고요. 아니 그 꿈이 이루어진다고요.

생각이 거기에 미치자 고구마가 먹을거리로 보이지 않았어요. 오리로 환생한 고구마, 그래 오리고매라 부르기로 했어요. 오리고매라 부르고 나니, 언뜻 그의 갈증이 다시 느껴져서 하던 일 제쳐놓고 얼른 수반에 물을 담아 그 안에 담가줬어요. 진즉 그렇게 물속에 담기고 싶었나 봐요. 수반 안에서 시원스레 갈증을 푸는 오리고매, 바라보는 마음도 시원해졌습니다.

상당히 오랜 기간, 수반 안에서 오리처럼 행세하던 고매, 늦가을이 되자 꼬리에서 고매순이 돋아났어요. 외모가 달라졌다고 본질마저 바뀌는 것은 아니었나 봐요. 이제는 꼬리를 치켜올린 오리의 모습이에요. 오리의 환상을 접기가 싫었던지, 그 모습 그대로 긴 겨울을 보냈어요.

봄이 되니 온몸에 고매순이 터져 나와 무성하게 자라기 시작하데요. 고매의 본성이 강성해지니 이제 더 이상 오리

행세를 할 수가 없었던지 고매줄기 속으로 오리 모습을 감추어 버렸습니다. 나도, 줄기차게 뻗어나는 고매 줄기를 거실 안에서는 더 이상 감당할 수가 없게 됐지요. 하는 수 없이 고매줄기를 잘라서 지인의 밭으로 시집을 보냈습니다. 시집살이가 힘들면 어쩌나 하는 걱정도 들었지만, 이런저런 시련을 참아내며 또 엉뚱한 꿈도 꾸면서 고매 본연의 종을 번성해 가리라는 믿음이지요.

오리고매를 시집보내버린 거실, 고구마 둥우리가 사라진 큰방 윗목에서 느꼈던 허전함이 밀려오네요. 친구야 놀자 하며 같이 뛰어다니던 소꿉친구들이 그립구요. 고매가 먹고 싶네요. 일단 밖으로 나가야겠어요.

"고매"라고 힘차게 답하던 학생. 오답처리가 되었을지라도 사투리 정답으로 뿌듯하게 울상을 짓던 우직한 표정. 그 사연에 폭소를 터뜨렸던 생각을 하면서 신발 끈을 묶어봅니다. 고매를 그리워합니다.

잠자리안경

세월이 더해갈수록 내 손가방은 점점 더 커지고 무거워진다. 약해진 어깨의 힘은 손가방의 무게를 덜어내라고 아우성이다. 안경을 두 개씩이나 챙겨야 하는 눈은 미안한 눈길을 어깨너머로 흘려버린다.

불혹이 넘도록 내 눈은 좌우 1.5의 시력을 자랑하였다. 하여 멀고 가까운 거리, 크고 작은 글도 쉽사리 구별하고 읽을 수 있었다. 철없이 안경 낀 친구들을 부러워하면서. 어느 해 아폴로 눈병이 만연할 때 나도 그만 걸려들었다. 병가까지 받아 치료하였지만 회복기의 안정을 제대로 할 수 없었던 빠듯한 직장 생활. 그 후로 시력은 점점 떨어지고 노안도 백내장도 서둘러 찾아왔다. 책을 읽을 때마다 돋보기를 찾아야 하는 불편이 따른다. 어디 그뿐인가, 관자놀이는 통증을 핑계 삼아 거추장스런 안경을 사뭇 밀어내려고만 한다. 하는 수 없이 돋보기도 색안경도 필요에 따라 썼다가 벗다가를 반복한다. 그러다 보니 망가지고 잃어버리는 안경의 수도 부지기수다.

나 어린 시절에, 색안경을 쓰고 다니는 사람을 색안경을 끼고 보는 사람들도 있었다. 그래서인지 유원지가 아닌 곳에서 색안경을 쓰고 다니려면 조금은 민망스럽고 눈치가 보인다. 그러나 햇볕에 시린 내 눈은 아무 때나 어디서나 색안경을 찾는다. 그리고 변명을 한다. 안과 의사의 처방 때문이라고.

유럽여행길에 큰 맘 먹고 그럴싸한 색안경을 하나 사기로 했다. 파란 눈의 아가씨는 둥그렇고 커다란 안경알에

갈색 빛을 띤 최신형을 권했다. 유행을 앞서갈 용기가 없어서 망설이다가 결국 사게 된 안경, 은근히 매력이 있어 애착이 생겼다. 멋쩍어하는 내게 잘 샀다고 칭찬하며 친구가 붙여준 이름이 잠자리안경이다.

다음 해 여름, 제주도로 출장을 갔다가 자투리 시간을 이용해 중문해수욕장에 들렀다. 널찍한 챙의 모자를 쓰고 잠자리안경을 끼고 따끈하게 달궈진 모래사장에 앉았다. 잠자리 날개 같은 맵시도 아닌 내게 흘끔거리는 시선이 있음은 순전히 잠자리안경 때문이리라. 잠자리 날갯짓으로 바다를 바라본다. 깊이를 가늠할 수 없어 더욱 시원始原의 신비가 느껴지는 잉크 빛 바다. 파랗게 출렁이다 하얀 포말로 솟구치며 다가오는 파도를 응시한다. 생명체의 몸짓이다. 살아있기에 많은 생명을 품어주는, 또한 다른 생명들에게 위협도 가하는 바다. 생각이 너무 깊어졌나, 슬며시 불편을 호소하는 관자놀이. 얼른 잠자리안경을 벗어서 티셔츠 앞가슴에 걸었다.

파도가 손짓을 한다. 해수욕 준비를 제대로 하지 않았어도 함께 즐길 수 있다고. 선뜻 일어나 바닷가로 가서 발을 담근다. 시원하다. 손도 담가보려고 허리를 굽히는 순간, 아차 잠자리안경이 툭 하며 바닷물 위로 떨어졌다. 반사적으로 손을 뻗쳐 안경을 잡으려는 찰나, 파도가 출렁하면서 한 파도 멀리 밀어낸다. 장난치지 말고 안경을 돌려달라고 파도를 달래본다. 그러나 점점 멀리 안경을 갖고 달아나는 파도. 아~아, 허둥거리며 소리치는 내 모습에 남편이 달려온다. 둘이서 아등바등 파도를 쫓아간다. 잡힐 듯 멀리, 잡힐 듯 더 멀리 잠자리안경을 바다 깊은 곳으로 데려가는 파도를 뻔히 보면서 속수무책이다. 눈 뜨고 코 베임 당한다더니, 이 무슨 낭패란 말인가. 아직 사랑땜도 다하지 못했는데.

"그냥 엿 사먹은 셈 치라. 또 하나 사면 되지." 하며, 아쉬워하는 내 손목을 잡아끄는 남편. 어처구니없는 마음 감추고 서너 시간 노닐다가 돌아오려는 길. 아쉬워서 허전해서, 그리고 행여나 하는 바람으로 모래와 바닷물이 만나는 자리를 따라 두리번거리며 걸어갔다. 바위가 있는 곳까지 갔다. 이제 더 멀리까지 찾아다닐 시간도 없는데 이대로 헛물인가. 아, 그런데 거기 낮은 바위 사이에 안경이, 내 잠자리안경이 다소곳하게 앉아 있지 않은가.

"여보 안경이 돌아왔어요." 소리치며 안경을 주워 안았다. 이 기쁜 마음을 어떻게 표현할까. 감히 돌아온 탕자를 품에 안은 아버지의 마음과 같은 기쁨이라고 한다면 너무 과장된 것일까. 호들갑 떨며 기뻐하는 내 모습을 바다는 그저 장난기 서린 파도로 넘실거리며 딴청을 부린다.

그렇게 다시 찾은 잠자리안경, 25년을 한결같게 내 눈의 보호막이 되고 있다. 혹자는 말한다. 그렇게 장기 애용하고 있으면 안경 장수 굶어죽겠다고. 유행도 너무 지나 구식이 되었고 시장경제의 형평성에도 어긋난다고. 그러나 어쩌랴. 나는 내 잠자리안경을 쓸 때마다 그때 중문해수욕장에서 느꼈던 그 재회의 희열이 새로운 것을. 언젠가 잠자리안경이 수명을 다한다 해도 나는 그 안경을 버릴 수는 없을 것이다.

올라서 보니

기내 창 아래로 회색빛 바위산맥이 광활하게 내려다보인다. 나무가 없는 암산뿐이다. 활용할 목재가 없고 경작할 토양이 없어서 고단한 삶들일까 하는 걱정까지 하면서 두리번거린다. 어느 순간 하얀 구름 띠가 시야를 가로막더니 이내 신비하게 펼쳐지는 청록빛 바다가 내려다보인다. 그리고 빽빽하게 들어선 빨간 지붕의 건물들이 장관을 이루더니 이스탄불 공항이란다.

두어 시간 달리는 차창 밖으로 끝이 아득한 지평선이다. 군데군데 초지에는 양들이 그리고 말들도 풀을 뜯는다. 가까이 둔덕을 이룬 흙더미들은 사탕무들이란다. 사탕무도 있다는 것을 이제야 알았다. 지금은 황량하게 보이는 저 대지가 여름이면 알알이 여무는 밀알을 자랑하며 누렇게 한들거릴 풍경을, 북채 같은 옥수수를 품고 의젓하게 푸른 물결 이루는 장관을 연상하며, 어제는 괜한 걱정을 했구나 하고 헛웃음이 나온다.

아직 어둠이 깔린 거리를 털털거리며 달리다가 도착한 그곳에는 집채만큼이나 큰 기구氣球가 입을 벌리고 시리게 누워 있다. 빨간 불길이 연신 기염을 토하며 그의 입에 불길을 뿜어 넣는다. 온기에 힘을 얻었는지 점점 팽팽해지는 기구, 마침내 장대한 기개로 몸을 일으키더니 우주처럼 우람한 모습으로 손짓을 한다. 나는 열기구, 너를 품을 준비가 되었으니 어서 올라오라는 손짓이다.

엄마의 요람에 안기는 아기처럼 주저함 없이 그의 품으로 들어간다. 둥실~둥실, 두둥실. 조심스럽게 떠오르는 열기구, 높이 오르다가 어느 선에서 고도를 유지하며 바위산의 신비를 보여준다. 다시 더 높이 오르며 더 멀리까지 시야를 넓혀준다. 때맞추어 어둠이 비켜난 대지에 해님도 고개를 내민다. '와~' 누구랄 것도 없이 모두 탄성을 지른다.

높은 곳에 올라서 보니 가까이 보이는 언덕도 멀리 보이는 산등성이도 모두 바위뿐이다. 우람함만 자랑하는 그런 바위가 아니다. 모양도 색깔도 크기도, 제각각의 특색으로 기기묘묘하게 아름다운 자태를 뽐내는 일품바위들이다. 바위들이 저렇게 아름다울 수 있다니. 진귀한 풍치를 바라보는 눈도, 느껴지는 감성도 그저 '와~' 하는 외마디 외침뿐이다. 열기구는 더 높이 올라간다. 바위산들의 웅장함에 비하여 우리 삶의 건축물들은 그저 게딱지처럼 아득하게 보인다. 자연의 위대함 앞에 나란 존재는 한 점 티끌과 같다는 생각이 든다.

높이 올라갈수록 작아지는 나의 존재감. 직장생활을 할 때도 그랬다. 직급을 받기 전에는 눈앞의 일 자체가 크게 부각되었고 은연중에 나를 돋보이려고 까치발을 들기도 하였다. 그러나 직급이 높아질수록 훤히 내려다보이는 총체의 모습. 총체와 개체를 통합으로 아우르기 위해서는 한없이 작아져야만 했던 자아. 그 기분이 다시 느껴진다.

오르기를 계속하던 열기구. 바벨탑의 교훈을 기억했음인가, 서서히 하강하기 시작한다. 더 머물러 계속 구경을 하고픈 이곳의 지명은 카파도키아. 우리나라의 면적과 맞먹는 크기라는 데 또 한 번 놀란다. 카파도키아는 암석의 종류와 모양에 따라 그 지역의 이름을 달리한다. 버섯모양의 크고 작은 바위들이 신비스러운 파사바 계곡. 낙타바위, 성모 마리아와 아기예수바위, 우아하게 한복을 차려입은 신사임당바위 등이 있는 데브란트 계곡. 바위 색깔이 핑크빛 장미처럼 곱고 아리따운 로즈밸리 등. 그 기묘하고 황홀한 감흥을 표현할 재간이 없어 유감이다.

데린쿠유 지하 동굴도시, 지하 4층까지 관람하지만 지하 18층까지를 예상한다. 안방, 2층 침실, 거실, 부엌, 외양간, 양조장, 교회도 있다. 위, 아래층과의 소통장치와 수십 개의 환기구도 설치되었다. 반면 뾰쪽뾰쪽하게 솟아있는 바위에 구멍을 파서 만든 집들로 멀리서 보면 벌집처럼 보이는 우츠히사르 지상 동굴도시. 지하 동굴이나 지상동

굴도시 모두 한때는 타종교의 탄압을 피해온 기독교인들 특히 수도사들이 거주하였다고 한다. 나무들이 잘 자라지 못하는 응회암의 바위지대에서 자연을 닮은 생활방식을 개척해 낸 저들의 삶의 지혜와 적응력이 경이롭기만 하다. 물줄기가 보이지 않아 식수가 궁금하였는데, 지하수라는 이름으로 공급된다 하니 조물주의 섭리에 머리가 숙여진다.

수백만 년 전, 화산이 폭발되며 카파도키아를 만들어 낸 에르지에스 산이 하얗게 만년설을 입고 저 멀리 장엄하고 우뚝하게 서 있다. 그 당시 쏟아져 내리는 용암의 기세는 과연 어떠했을까. 참담했을 그 재난의 역사가 말없이 흐르고 흘러 이렇게 위대한 관광자원지로 탈바꿈되었다는 게 신기하다. 폼페이에서는 그 처참한 흔적이 남아 있어 관광하는 마음 한구석이 아련하였다. 그러나 여기는 그저 아름다운 경관뿐이니 오히려 부러움으로 느껴진다.

카파도키아를 뒤로하고 오면서, 영화 '볼케이노'의 영상이 떠올랐다. 화산이 폭발하고 시뻘건 용암이 무서운 기세로 흘러내린다. 미처 피하지 못한 사람이나 건물 모두 그대로 흔적도 없이 녹아버린다. 영상이지만 차마 제대로 볼 수가 없어 눈을 꼭 감아버린다. 현대 과학문명의 힘을 동원하여 용암의 흐름을 막으려는 노력이 필사적이다. 극적으로 용암의 흐름을 막고 주인공들이 구사일생으로 구출되는 내용이다.

그러고 보니 한라산도 화산의 산물이다. 아니 선물이다. 한라산뿐만 아니라 백두산도 있다. 두어 차례 한라산에 올라 백록담을 바라보며 그 장관에 감탄만 하였다. 무섭게 용암이 흘렀을 옛 참상은 안중에도 없었던 것이 못내 송구스럽다. 아무려나, 지금은 우리의 자랑스러운 관광명소가 아닌가. 부러운 마음 가라앉히며 다음 여행지 파묵칼레로 향한다.

산책길에서

조금만 부지런하게 생활하면 산길을 걷는 것만으로도 건강관리를 할 수 있다. 그러나 이런저런 핑계로 그 대열에 끼지를 못 하였더니 빼근한 근육이 둔탁한 신음소리를 낸다. 삐거덕거리는 관절은 뜨끔한 통증을 호소한다.

"돈을 잃으면 일부를, 건강을 잃으면 전부를 잃는 것이다."라는 말이 있다. 그런데도 건강을 위해서는 마냥 게으

름만 부리고 있으니 내 몸은 얼마나 답답할까. 참다못하여 적신호의 반기를 드는 것은 당연지사이리라. 이제 걷기운동이라도 시작하여 찌뿌듯해지는 몸을 달래어보자고 다짐하며 집을 나선다.

산에는 여러 종류의 길이, 많은 갈래로 갈라져 있다. 산책으로 알맞은 평지의 길, 중턱 오르막까지 올라서 운동하고 내려오는 길, 등산으로 이어지는 능선길도 있다. 또 각각의 길에는 수많은 샛길이 나 있다. 어느 길을 선택할까. 등산을 시작했으면 정상까지 가는 것을 당연시하던 시절도 있었지만 지금 상태로 정상을 고집하는 것은 너무 무리겠지.

내 걸어온 삶의 길에도 여러 갈래의 길이 있었다. 그러나 내 가고 싶은 길을 선택하여 갈 수만은 없었다. "모로 가도 서울만 가면 된다."는 속담이 있던가. 평탄하지 않은 길이었지만 정상頂上에 올라서 돌아다보는 길, 구불구불하고 가팔랐지만 그래서 더 보람이 있었다. 이제 내려가는 길은 내 가고픈 길, 골라가며 갈 자유가 있는 것일까.

평지의 산책길을 반복해서 걷는 방법으로 운동 효과를

본다는 선배의 말을 생각하며 숲 속으로 들어섰다. 듬직한 남정네의 모습과 같은 소나무와 늘씬하게 쭉쭉 솟아오른 편백나무들이 위풍당당하게 줄지어 있다. 싱그럽게 코끝을 자극하는 숲의 냄새는 순수한 산소의 향기인가. 대동강 물도 팔았다는 김삿갓처럼 산소의 값을 지불하라면 이 땅에 존재할 수 있는 사람이 과연 있을까. 그저 흐뭇한 기분으로 심호흡을 해 본다.

땅에는 이름 모를 풀들이 한데 어울려 푸른 산 만들기에 일조하고 있다. 어릴 적에는 무척 따 먹고 싶던 뱀딸기가 유월의 푸름 속에서 빨간 루비인 양 매혹적인 자태를 뽐내고 있다. 뻐근하던 근육이 쭈~욱 기지개를 켠다. 뿌드득거리는 몸짓이 안쓰럽다는 듯 산들바람이 부드럽게 스쳐 간다. 시원하다.

숲길을 벗어난 널찍한 길에는 자갈들이 깔렸다. 발밑에서 밀리는 자갈들이 사각거리며 미끌미끌한 장난질로 엉덩방아를 찧게 한다. 그래도 입안에서는 손자 손녀와 함께 부르던 동요 가락이 흥겹게 대굴거린다. "바위 돌 깨뜨려 자갈돌~" 단정하게 이발을 한 향나무들은 진한 향수를 뿌

렸나 보다. 향나무의 향에 취하여 벌름거리는 코끝이 발길을 세우려 하지만 내리막길이란 핑계로 발걸음은 더욱 빠르게 내려간다.

세 바퀴, 네 바퀴 하며 걷는 데만 집중하고 있는데 그래도 귓가에 들려오는 소리들. 애절한 국악의 한 가락을 창唱하고 있는 듯 뻐꾹뻐꾹하는 소리가 구슬프다. 뻐꾸기 소리 따라 숲 속으로 향하던 눈길이 걸음을 멈추고 웃고 있다. 아기 다람쥐다. 나무 색깔처럼 보색을 했지만 흔들거리는 긴 꼬리가 귀엽다. 어느새 저를 주시한 눈길을 알아차린 듯, 쪼르르 나무 뒤로 숨어 버린다. 다람쥐 쳇바퀴 돌리는 신세가 아닌 것이 얼마나 자유로운 것인지 저는 알고 있을까. 다람쥐를 찾아 두리번거리던 눈길이 깜짝 놀란다.

어머나! 꿩이다. 인적이 지척인 이곳에 꿩이라니. 수수한 옷차림의 까투리 뒤를 화려한 복장의 장끼가 고개를 갸웃거리며 따라간다. 암컷을 유혹하기 위한 몸짓이나 소리도 필요 없는 사이가 된 듯 유유히 숲 속으로 들어가는 꿩들의 모습이 정겹게 보인다. 문화보호수로 지정된 배롱나무 아래서 무리지어 깍깍거리는 까치들은 운동회라도 하고 있는지 그 날갯짓들이 예사롭지가 않다.

이리저리 한눈을 팔다보니 다른 사람들의 행보보다 많이 뒤처진다. 땀을 닦을 필요도 없으니 운동 효과를 기대할 수도 없다. 이제 산책 나온 목적을 생각하며 속도를 좀 내보자고 발걸음을 재촉해 본다. 한눈팔지 않고 걸으니 다른 사람들과 얼추 보조가 맞추어졌는지 등줄기가 촉촉해진다.

손쉽게 산책을 할 수 있는 동네에 살고 있다는 것은 참 감사한 일이다.

아리랑 고개

어디든지 처음 가는 길은 호기심이 일고 설레기 마련이다. 그날도 창밖을 두리번거리며 귀는 안내방송에 집중한다. 버스가 조금 비탈진 길로 들어선다. "아리랑 고개, 아리랑 미디어 정보센터입니다."라는 소리에 화들짝 놀란다. 이 도심에 아리랑 고개라니. 〈아리랑〉 노래와 〈아리랑〉 영화, 우리에게 얼마나 사무치게 뭉클한 어감인가. 아리랑 고개는 과연 어떤 모습일까. 중학교 때 봤던 〈아리랑〉 영화의 마지막 장면을 떠올린다.

비탈진 산길에 쨍쨍한 태양 볕이 쏟아지고 있다. 산등성이는 엉성한 초록빛으로 시들하게 흔들거린다. 하얀 무명 바지저고리의 주인공. 바짓가랑이를 정강이까지 둘둘 걷어 올린 상태로 맨발이다. 총부리를 겨누고 채찍을 휘두르는 험상궂은 일본 순사에게 질질 끌려간다. 포승에 묶인 두 손을 무겁게 흔들며 오열하는 동네 사람들을 향하여 말한다. "여러분 울지 마십시오. ~ 저는 죽음의 길을 가는 것이 아니라 갱생의 길을 가는 것이니 눈물을 거두어 주십시오." 호소력 짙은 변사의 목소리가 관객들을 더욱 흐느끼게 한다. 울분으로 흐느끼는 장내에 〈아리랑〉의 노랫가락이 애잔하게 흐른다. 〈아리랑〉 영화의 마지막 장면은 그렇게 생생하게 남아 있다.

〈아리랑〉 영화는 1926년에 제작된 나운규 감독의 무성영화이다. 항일 민족정신을 주제로 한 혁명적인 영화로 우리의 전통 민요인 〈아리랑〉과 연결시켜 그 시대의 영화사상 초유의 예술성으로 찬사를 받았다고 한다. 〈아리랑〉은 대성공으로 상영되었고 〈아리랑〉 노래는 민족혼을 불어넣는 제2의 애국가처럼 불려지게 되었다. 또한 〈아리랑〉의 영향으로 당시의 번안 모방물이나 개화기 신파물의 영화제작이 민족영화로 발돋움하는 초석이 된 작품이라고 한다.

영화에서 보았던 아리랑 고개를 그리며 열심히 창밖을 두리번거린다. 그러나 도심다운 건물들만 빼곡할 뿐, 아리랑 고갯길다운 운치는 끝내 보이지 않는다. 4차선의 대로에 분주하게 오가는 차량과 사람들. 시대에 맞게 발전된 도시의 생활상으로 활기찬 모습인데, 내 마음은 왜 이리 허탈한 것일까.

돈암동 입구에서 정릉 입구까지의 등성이길이 아리랑 고갯길이다. 1997년에 '아리랑 영화의 길'로 지정하였다. 아리랑 고갯길 중간쯤에 '아리랑 고개 테마공원' 이란 표지판이 있고 그 옆에 자그마한 모형 초가집 한 채가 세워져 있다. 아리랑 영화의 길 좌우 인도人道 바닥에는 10m 간격으로 조그마한 동판이 설치되어 있다. 사람들은 이 설치물이 있는 것을 아는지 모르는지 그저 부산한 발걸음들이다.

동판에는 영화 제목, 제작년도, 감독 이름, 주연 배우의 이름이 각인되었다. 우리나라와 세계 9개국의 작품 166여 점이다. 우리나라의 작품은 34점이었다. 가장 오래전의 것은 1935년에 제작된 〈춘향전〉이고, 최근 것은 2000년도의 〈공동경비 구역 JSA〉이다. 그런데 〈아리랑〉 영화에 관한 동판이 보이지 않는다. 혹 잘못 지나쳤나 싶어 왔던 길 되돌아가며 다시 훑어보았지만 헛수고였다. 아리랑 고개, 아리랑 영화의 거리에 〈아리랑〉 영화가 없다니. 귀하디귀한 보물을 놓쳐 버린 것 같은 아쉬움에 맥이 빠진다.

홀로 있어 울적할 때도 아리랑, 향수를 달래고픈 마음일 때도 아리랑, 애국심을 표현하는 것도 아리랑, 흥겨움의 가락인 경우도 아리랑, 단합의 목적으로도 아리랑. 언제 어느 순간에도 〈아리랑〉을 즐겨 부르는 우리 민족이 아닌가.

아리랑 고갯길이 아리랑 영화의 거리라는 이름에 걸맞게 아리랑으로 채워졌으면 하는 아쉬움이다. 혼자서 〈아리랑〉 노래를 흥얼거리며 아리랑 고갯길을 맥없이 걸었다.

황지연못

기상대는 강풍을 동반하는 궂은 날씨를 예보하였다. 혹 일정을 취소한다는 연락을 기대했는데 기도로 준비하라는 문자가 날아왔다. 강원도는 겨울가뭄까지 지속되어 식수 구하기도 어렵다는 뉴스를 보았는데, 무어라 기도를 할 것인가.

밤새 비가 내렸다. 출발해야 할 이른 아침에도 비는 그

치지 않았다. 바람도 불고 안개도 자욱했다. 조금은 두려운 마음이었으나 창밖의 날씨와는 아랑곳없이 태평스럽게 운전석을 지키는 기사님, 밝은 표정으로 대원들을 챙기는 집행진, 들뜬 기분으로 버스에 오르는 대원들. 날씨와 상관없이 여행은 언제나 즐거운 분위기다.

어디쯤 왔을까. 주룩주룩 내리던 비가 그쳤다. 안개는 자욱하지만 어둠의 시간은 물러갔나 보다. 해는 보이지 않아도 다소 밝아진 시야에 안도감을 느낀다. "대게의 명소 영덕" 이란 간판이 부옇게 나타난다. 영덕 대게 한 마리씩 뜯고 가야 제격 아니냐는 너스레 소리도 들린다.

안개가 조금 열어졌는지 시야가 좀 더 밝아진다. 안개 속을 두리번거리는 눈길이 갑자기 환성을 지른다. "해님이다." 그러나 금세 겸연쩍은 소리로 "아니, 달님인가." 자욱한 안개 속에서 해인지 달인지 구별이 안 된다. 빨갛게 솟아오르는 태양이 아니라 진주처럼 말간 얼굴이다. 눈부시지 않아서 더 우아한 자태가 친근함으로 다가온다. 바다 위로 명주실 같은 햇살이 쏟아진다. 하늘의 손길이 바다와 어우러지는 신비스런 장관이다. 바다가 출렁인다. 온갖 생명을 품은 바다의 물결이다. 만덕터널 입구에 걸려 있는 "물은 생명이다."라는 현수막이 함께 출렁거린다. 차량들의 통로로 산허리에 구멍을 내주고도 초록빛 생기로 싱그러운 만덕 산도 아른거린다. 생그레, 한 방울 툭 떨어지는 물방울들이 모여서 물줄기를 이루며 산과 바다의 생명들을 키워낸다.

망양휴게소에 도착하니 안개는 어디론지 자취를 감추었고 따스한 햇볕이 우리를 반겨준다. 파란 하늘 아래 장엄하게 출렁이는 동해바다를 보며 흥겨워진다. 내 입은 어느새 기억 밑바닥에 잠겨있던 노래를 흥얼거린다. "동해의 푸는 물결 빛나는 아침~"

드디어 태백시에 들어섰다. '낙동강의 발원지 황지연못'이란 이정표가 보인다. 시간적으로 다 온줄 알았는데 아직도 시가지라니. 연못이 있을만한 곳까지는 한참을 더 가야 하려나. 조금 지루하다는 생각을 하려는 찰나, 버스는 시가지 한편에 정차하고 모두들 내리란다. 설마 시내 한복판에 황지연못이 있단 말인가. 상가와 아파트와 모텔이 있는 골목을 돌고 돌아서 도착한 곳에 "낙동강 천 삼백 리 여기

서부터 시작되다."라는 돌비가 세워져 있다. 푸른 초원을 끼고 산과 산자락이 이어지는 계곡을 상상하고 왔는데, 좀 황당한 기분이다.

황지연못에 얽힌 전설을 읽어본다. 수전노 황 부자에게 시주를 청하는 노승, 시주를 못한다고 실랑이를 벌이던 황 부자가 홧김에 쇠똥을 퍼주었다나. 민망한 며느리가 시아버지 몰래 노승을 뒤따라가 시주를 하였다. 이에 노승이 며느리보고 이 집은 운이 다하였으니 빨리 집을 떠나라, 가다가 무슨 일이 있어도 절대 뒤를 돌아보아서는 안 된다는 당부를 하고 노승은 사라졌다. 범상치 않는 느낌에 아기만 들쳐 업고 노승의 말을 따르던 며느리, 뇌성소리에 깜짝 놀라서 뒤를 돌아보다가 그만 돌기둥이 되어 버렸다. 황 부자의 가옥들은 온데간데없어지고 그 집터가 연못이 되었다는 내용이다.

황지연못 옆에는 '아기를 업고 있는 며느리 상'이 세워져 있다. 며느리 상 옆에서 기념촬영을 하는 동료들은 그저 즐거운 웃음이다. 언뜻 소금기둥이 된 여인이 오버랩된다. 소돔과 고모라는 의인 열 명이 없어서 멸망하게 된다. 어부지리로 의인의 대열에 들어서 살아나오던 롯의 처도 뒤를 돌아보다가 그만 소금기둥이 되어버렸다고 한다. 동서양을 막론하고 옛이야기들의 사연은 서로 닮은꼴이다.

도심 한복판에 자리한 황지연못, 청렴함의 본보기처럼 바닥까지 투명하게 보이는 맑은 물이다. 수초도 보이고 자잘한 물고기들도 보인다. 맑은 연못을 거울 삼아 연못가에 나무들이 몸맵시를 재고 있다. 파란 하늘과 흰 구름도 얼굴을 파묻었다. 길 건너에 있는 건물들도 그 육중한 모습을 들이밀었다. 아무것도 가리지 않고 찾아와 주는 대로 품어주며 그저 잔잔하게 소곤거리는 표정의 황지연못이다. 연못 속에 거꾸로 보이는 풍경들의 신기함에 현기증이 인다.

하루에 오천 톤이나 되는 물이 솟아나오는 황지연못. 솟아 나오는 그대로 그저 흘려보낸다. 욕심 없이 흘려보내는 이치가 넘치지도 모자라지도 않게 한결같은 수위水位를 유지한다. 물줄기는 낮은 곳으로 흐르고 흘러서 낙동강이 되고 남해바다와 합류한다. 황 부자가 노랑이었던 게 오히려 다행스러운 일이었다는 생각을 한다.

아무런 기척도 없이 한결같이 솟아 나오는 물줄기를 바라보노라니 "네 시작은 미약하였으나 네 나중은 심히 창대하리라."는 말씀이 떠오른다. 바다 같은 출렁임으로 위엄차게 흐르는 낙동강 칠백 리의 풍성한 물길도 눈에 선하다. 내 마음속에도 낮은 곳으로 흐르는 물줄기 하나 품어야겠다. 물은 생명이다.

고목 예찬

고궁에 가면 수령을 가늠할 수 없는 나무들이 많아서 푸근해진다. 나무들의 정기가 그윽한 그 길을 무상한 듯 유심히 걷노라면 저절로 어깨가 으쓱거려진다. 고궁의 정원수들인지라 한결같이 수려하다. 그중에 문득 눈길을 끄는 나무들이 있다. 분재에서나 볼 수 있는 운치의 소나무들, 굴곡 많은 역사의 사연을 품고 있는 것 같아 숙연해진다. 소나무 종류에 백송白松이 있다는 것도 거기서 배웠다.

고목 1.

창덕궁 초입에 있는 돛단배 모양의 고목古木이 눈길을 끈다. 시멘트로 땜질된 커다란 둥치가 옆으로 기우뚱하다. 받침대와 고정 줄에 의지하여 간신히 서 있다. 둥치만 보면 고목枯木처럼 보인다. 그러나 그의 몸통 어느 살아있는 조직에서 새롭게 움이 터 오른 가지에 초록빛이 싱그럽다. 자기 몸 지탱하기도 어려울 터인데 새 생명을 키우고 있다. 힘들게나마 대를 이어가는 당당함이다. 이름도 사연도 없이 힘겹게 살아있는 고목이 그저 감탄스럽다. 뭉클해진 마음에 고궁지킴이를 찾아가 오지랖을 떨쳐보았다.

'회화나무. 이백 년이 넘는 수령. 어느 해 태풍에 휩쓸려 바다로 가려는 것을 붙잡아 두다.'라는 레이블이라도 붙여 주면 좋겠다고.

고목 2.

창경궁 정원 길에 눈길을 끄는 고목 두 그루가 있다. 한 그루는 몸통 한가운데가 움푹 파인 채로 고사된 것 같다. 그러나 옆구리에 새 가지를 올려서 다른 나무들과 같은 높이를 유지하고 있다. 만세를 부르는 몸짓이다. 몸통 가운데 고사된 움푹한 부분에는 다른 종의 식물을 키우고 있다. 남의 몸에서 싱싱하게 자라고 있는 볏과의 어떤 식물이다. 언뜻 지빠귀의 둥지를 차지하고 있는 새끼 뻐꾸기가 떠오른다. 생명을 이어가는 자연계의 연결고리가 경이롭기 그지없다.

다른 한 그루의 고목은 앞뒤가 다르다. 한 면은 몸통의 중간 높이에 고사된 구멍이 시멘트로 땜질되어 있다. 그러나 고사된 반대 면의 가장자리에서 새로운 가지가 양 옆으로, 위로도 쭉쭉 뻗쳐서 의젓하다. 조금 거리를 두고 보면 영락없는 십자가 모양이다. 인류구원의 대명을 품고 십자가를 지신 예수님을 연상하게 한다. 레바논에도 십자가 나무가 있다고 한다. 부생復生나무라 이름 붙여줄까.

고목, 여러 해 자라 더 크지 않을 정도로 오래된 나무를 말한다. 고목은 죽은 듯 살아있는 나무다. 살아있는 생명체는 본능적으로 종족보존의 책임을 감당한다.

고목에게서 한 수 배운다. 저출산문제로 인구절벽이라는 위기에 처해 있는 우리나라. "둘만 낳아 잘 기르자."라고 외치던 구호는 그만 용서하자. 그리고 이제 "넷 이상 낳아 잘 기르자."를 실천하여 젊은 국가가 되어야 하지 않을까.

창경궁 후원의 울창한 숲길을 거닐며 삶의 지혜를 배운다.

지붕지랄

임신의 불편과 출산의 진통, 아름다운 고통이라 말해도 될까. 견디기 어려운 고통이지만 여성들은 참아낸다. 그 모든 것을 참아내고 새 생명이 태어나는 것은 생육하고 번성하는 인류의 축복이다. 이러한 고통을 여성들의 몫으로만 일관하지 않고 남편들도 동참하는 풍습이 있어 다소나마 위로가 된다.

지붕지랄

아내가 산고를 치르는 동안 남편이 지붕 위에 올라가서 소 울음을 우는 것을 말한다. 아내의 진통은 계속되는데 아기는 쉬 태어나지 않는다. 아차하면 태아와 산부의 생명이 위험할 수도 있다. 요즘처럼 여러 가지 의료기들의 도움으로 태아의 건강상태를 확인할 수도 없고, 진통을 완화해 줄 아무런 방법도 없었으니 가족들은 얼마나 애가 탔을까. 그저 비손의 마음뿐이었으리라. 그 방법 중의 하나로 지붕지랄이 생겨났을 것이다. 그러나 멀쩡한 기분으로 지붕 위에 엎드려서 진통의 주기로 소 울음을 운다는 것, 모든 남편이 할 수는 없었을 것이다. 지붕지랄이라, 점잖은 나라에서 왜 이런 볼썽사나운 표현을 했는지 알 것도 같다.

동서가 아이를 낳을 때였다. 마침 가족동반실이어서 동서의 언니가 참관했다. 그런데 이 언니, 동서가 진통이 시작되면 동서보다 먼저 소리를 질렀다. 표정을 일그러뜨리고 입을 크게 벌리고 있는 힘껏. 깜짝 놀란 동서와 나는 어안이 벙벙, 동서의 진통이 끝나면 태연하게 정자세를 취한다. 그리고 진통이 시작되면 또다시 소리를 지르는 짓을 동서가 출산을 마칠 때까지 계속하였다. 그 이유는 자기도 모르겠다고 하였다.

상투잡이

지붕지랄과 같은 맥락으로 상투를 잡아당기게 하는 방법이었다고 한다. 상투라, 잡아당기기는 수월했을지 모르지만 그 머리는 얼마나 아팠을까. 머리카락이 송두리째 빠질 염려는 없었을까.

상투잡이 형식은 분만현장에서 흔히 목격하는 사례이다. 출산의 현장에서 막바지에 이르면 산부의 입과 손은 격동을 한다. 남편을 마구 욕하며 소리를 지르는가 하면 손은 잡히는 대로 쥐어뜯는 격이다. 남편이고 의료진이고 상관없이 옆에 있는 사람은 당하게 된다.

멕시코의 어느 소수민족은 남편의 생식기에 줄을 묶고

아내가 진통이 있을 때 그 줄을 잡아당기게 하는 전통도 있다고 한다. 설마 어떤 상징물을 만들어 놓고 하는 것이려니 생각하며 놀란 마음을 내려놓는다. 그런가 하면 아프리카의 어느 지역에서는 남편이 물웅덩이에 들어가 물구나무를 선다고 한다.

요즘의 젊은 세대들은 아내의 임신과 출산의 현상을 몸소 체험하는 방식으로 감정이입을 한다고 하니 더없이 사랑스러운 일이라 생각한다. 그런가 하면 아내가 임신을 하면 남편도 임신을 한 것처럼 입덧이나 요통, 체중증가 등의 증상이 일어나는 쿠바드 증후군couvade syndrome도 있다. 어떠한 방법이든지 간에 임신과 출산의 고통을 함께 하려는 남편들의 응원이다. 아름다운 동참이다.

초록으로 물들어가는 나무들이 사랑스럽다. 새롭게 태어나는 생명들이다. 하얀 젖니 내보이며 방글거리는 아가들의 모습이다. 나는 저절로 미소가 터진다.

3. 꽃기린

1968년 12월, 동백섬을
배경으로 한 해운대해수욕장

꽃잎이 다정하게 쌍쌍으로 피어 있어서 더욱 사랑스럽다.
그 여린 꽃을 보호하기 위함인가. 몸통은 온통 뾰족한
가시투성이다.

꽃기린

사람들과 달리 꽃과 나무들의 이름은 자연 그대로를 닮아서 친근감이 더해진다. 꽃말들은 순수하고 적나라해서 해맑은 웃음을 짓게 한다.

학교에서 배운 실력을 임상에 어떻게 적용할지를 몰라서 쩔쩔매던 시절에 그 선생님은 우리들에게 엄청 두려운 존재였다. 어느 것 하나 흐트러짐 없이 정갈하고 조용한 성품의 선생님은 매사 빈틈도 없으셨다. 이론이며 실기 등, 가르쳐주시는 것 모두 정확하고 철저하셨다. 선생님 덕분에 우리들의 배움은 알차고 오달졌다. 그러나 우리 모두가 어떻게 선생님과 같을 수 있겠는가. 자칫 자그마한 실수라도 저지르게 되면 가차 없이 호되게 야단을 치셨다. 가시 달린 장미꽃을 연상케 하는 선생님이셨다. 그 선생님이 미국으로 이민을 가신다는 소문이 돌았다. 두렵기는 하였지만 그래도 그런 선생님이 계셔야 우리가 더 잘 배울 수 있는데 하는 아쉬운 마음이었다.

어느 날 저녁, 화분 하나를 들고 선생님이 내 방으로 오셨다. 깜짝 놀라는 나에게 애지중지 기르던 꽃기린이라 하셨다. 미국까지 갖고 갈 수 없으니 네가 맡아서 잘 키워주면 좋겠다고 하셨다. 처음 보는 낯선 꽃이었다. 쫑긋한 가시가 있는 것이 섬뜩도 하였다. 그러나 가느다란 목을 길게 뽑아 올린 꽃대 끝에 앙증맞게 피어 있는 빨간 꽃송이. 그 청량한 아름다움이 선생님과 닮은 듯했다. 간호학 서적 서너 권에 불과하던 내 방에서 화분을 키우게 되다니, 조금은 우쭐하였다.

꽃기린, 모가지가 길어서 붙여진 이름이리라. 여리디여린 꽃의 색상이 맑디맑아서 청초한 아름다움이다. 꽃잎이 다정하게 쌍쌍으로 피어 있어서 더욱 사랑스럽다. 그 여린 꽃을 보호하기 위함인가, 몸통은 온통 뾰족한 가시투성이다. 가시는 모든 생명체에 내재한 고유의 보호본능이 아닌가.

꽃기린의 꽃말은 '고난의 깊이를 간직하다.'이다. 꽃말은 별로지만 꽃기린의 매력에 푹 빠져 정성스레 길렀다. 그렇게 두서너 해를 지내다가 나 또한 유학의 길을 준비하게 되었다. 유학을 떠난다고 뭐 정리할 짐도 별로 없었다. 하지만 모처럼 갖게 된 꽃기린에 애착하는 내 마음을 눈치챈 그이는 자기가 대신 간수하겠다고 하였다.

우리 세대의 결혼은 대개 양가 부모의 동석 하에 맞선을 보고 합의가 되면 예식 절차도 부모들이 추진하였다. 연애결혼은 자칫 집안 망신을 염려하던 시절이었다. 그러나 우리는 우연찮은 인연과 직장여성이라는 명분으로 혼인절차를 그이가 직접 진행하였다. 며느리 될 처자의 얼굴도 못 보고 약혼식까지 운운하게 되는 시기에 이르자, 한번 다녀

가라는 분부가 내려졌다. 혼자서 어떻게 찾아뵙나 걱정하는 내게, 그냥 꽃기린이나 갖고 오면 된다는 그이의 당부. 그이의 말을 곧이곧대로 듣고 아무런 준비도 없이 나는 경전선 야간열차를 타고 시댁이 될 광주로 갔다. 가시가 쫑긋한 꽃기린 화분 하나 달랑 들고서, 선보이러 온 예비 며느리가 얼마나 철없어 보였을까. 지금도 그때 일을 생각하면 얼굴이 붉어지는 추억을 안고 있는 꽃이다.

꽃기린의 원산지는 남아프리카라 한다. 뾰족한 가시 때문인지 현지에서는 울타리로 심어지기도 하고, 남미에서는 부활절 꽃꽂이로 애용된다고 한다. 울타리로 사용할 수 있는 크기의 꽃기린이기에 가시관을 엮기에 족하였단 말인가. 인류 사랑이 오히려 죄목이 되어 가시관의 씌움을 받아야만 했던 예수님의 고통. 가시 찔림의 고난을 부활의 승리로 이겨낸 의미인가. 꽃기린의 빨간 꽃송이는 보혈을, 노란 꽃은 영광을 그리고 하얀 꽃은 성결을 의미한다고 한다. '고난의 깊이를 간직하다.'라는 꽃말이 새삼스러워진다.

가시 때문인지 꽃말 때문인지 사람들에게 별로 인기가

없는 꽃기린이지만 우리 집 꽃밭(지금은 베란다)에는 늘 한 자리를 차지하고 있다. 열대식물인데도 어느 정도의 온도만 유지되면 어느 곳에서나 자라며 거의 사철 꽃을 피운다. 나는 오늘도, 우리 집 꽃밭에서 연이어 피어나는 꽃기린과 눈길을 나누며 추억 속에 잠들어 있는 희로애락의 감성을 일깨워본다.

꽃샘추위는 아직도 쌀쌀하다.

저울질

우리 집에 오래된 대저울이 하나 있다. 나는 그것을 골동품으로 간직한다. 골동품의 사전적 의미는 두 가지로 분류된다. 오래되고 진귀하여 값어치가 있는 물건이거나 값어치가 없더라도 백 년 이상의 세월이 지난 것을 말한다. 또한 시대감각을 잃은 무딘 사람을 비유하기도 한다.

대저울의 저울대에 네 개의 눈금이 새겨져 있다. 그 모양과 크기와 간격이 다르다. 대 한쪽 끝에 눈금을 설명하는 글씨가 있으나 너무 닳아서 식별하기가 어렵다. 대 반대쪽 위에는 고리로 연결된 노끈손잡이가 있고 아래쪽에도 하나 있다. 대 끝에는 네 개의 쇠줄이 길쭉하게 둥그런 저울판으로 연결되어 있다. 연결고리 가운데에는 물건을 걸 갈고리 하나가 있다. 종같이 생긴 묵직한 저울추에도 고리로 연결된 노끈손잡이가 있고, 추 몸통에는 '십근일관육백돈용'이라는 한자가 오른쪽에서 왼쪽으로 표기되어 있다. 세월을 짐작하게 하는 흔적이다.

대저울을 보면 자연스레 저울질이라는 말이 떠오른다. 저울질, 물건의 무게를 달아 그 값을 헤아리는 일이다. 저울질은 물건에만 국한되지 않는다. 알게 모르게 삶의 모든 양상에도 저울질이 이루어진다. 일상 속에서 자연스레 서로의 속내가 알아지거나 비교하며 이해득실을 헤아리는 것을 포함하는 말이다.

어렸을 때 아버지께서 저울질을 하던 기억이 떠오른다. 저울판이나 갈고리에 물건을 놓고 그에 버금갈 만한 저울추를 저울대 눈금에 맞추고 손잡이를 든다. 두 무게가 평형이 될 때까지 저울대는 기울기울 흔들린다. 흔들림이 없어질 때까지 눈금 맞추기와 저울추 조절에 세심한 집중력이 요구된다. 정확성을 유지하려 애쓰는 아버지의 표정은 사뭇 근엄하다. 옆에 앉아서 구경하는 마음은 조마조마하다. 마침내 두 무게가 흔들림 없이 평형을 이루었을 때 모두들 환하게 웃었다.

얀 베르메르의 명화 〈저울질하는 여인〉을 본다. 금화나 진주로 보이는 보석이 놓여 있는 상 앞에서 여인은 양팔저울을 들고 있다. 아무것도 놓인 것이 없는 저울은 정직하게 평형을 이루고 있다. 제목 때문일까. 사람들은 저 여인이 무엇을 저울질하고 있을까를 생각하지 않을 수 없나 보다. 그래서 '인간의 영혼에 묻은 때의 무게'를, '자신의 원죄의 무게'를, '금화나 보석의 무게'를 저울질한다는 평들이 있다고 한다. 명화감상에 식견이 없는 나는 그저 정갈스럽고 아늑하게 풍겨지는 분위기, 그녀의 평안한 표정이 좋을 뿐이다. 평형으로 비어있는 저울판에 평화라는 이름이 담겨 있는 것 같다.

저울질의 평형은 조절하기도 어려울뿐더러 저울질에

속임수를 적용하는 사례는 당연한 듯 부지기수다. 폼페이 유적 벽화에도 한참이나 기울어진 저울이 그려져 있는 것을 보았다. 세종대왕 재위기간에도 저울에 관한 보정이 3차례나 실시되었다고 한다. 솔로몬의 잠언에도 공정한 저울추 사용에 대하여 여러 차례 언급하고 있다.

법조계의 상징마크도 저울이다. 최근 저울질을 하던 사람이 저울질을 당하는 모습이 방영되는 화면을 왕왕 보게 된다. 괜스레 민망하고 씁쓰레한 기분이다. 당연한 것을 정직하게 지키며 산다는 것이 그만큼 어렵다는 것을 말해주는 것이리라.

저울추를 사용하던 저울들은 이제 골동품이 되었다. 요즘에는 용도에 따라 손쉽고 편리하게 사용할 수 있는 저울들이 수두룩하다. 저울질을 할 때 기울기가 심하면 불행이라 말하고 투쟁의 소리가 높아진다. 반대로 평형을 이룰 때 너와 나 사이에는 행복이, 공동체 안에는 화합이 이루어진다. 어떤 상황에서 무슨 저울을 사용하든지 간에 저울질을 할 때 가장 중요한 것은 정직한 마음이리라.

장난감

장난감, 아이들의 놀음놀이의 재료가 되는 물건이다. 하지만 장난감이 어디 아이들에게만 한정된 것이던가. 사람뿐 아니라 모든 동물들은 본능적으로 장난감을 찾아 놀고 즐기며 성장한다. 유, 소년기를 지나 청, 장년기를 거쳐 노년이 되어도 장난감은 필요하다. 장난감이란 말 대신 취미활동이니 소일거리나 레포츠라는 이름으로 달라진 것뿐이다.

노년기로 들어서는 남편, 한때는 우리 집 전체가 자기의 소일거리가 되었다. 고풍스런 분위기를 연출한다고 멀쩡한 창문을 뜯어내는 소리가 철커덕거린다. 모퉁이 공간을 창고로 만든다고 망치질 소리가 요란스럽다. 실내 공간미를 살린다고 가구들을 이리 옮겼다 저리 놓았다 법석을 부린다. 옥상에 텃밭을 만든다고 오르내리느라 구슬땀이다. 우리 집이 어디 당신만의 것이냐고 한마디 던져보지만, 지칠 줄 모르는 남편의 열정이 놀랍기만 하다.

햇빛 좋은 마당가에 옹기종기 서 있는 꽈리나무, 초록빛 상태로 자라기만 할 때는 눈길을 끌지 못한다. 쨍쨍한 햇살과 비바람에 몸살도 앓으며 여름을 견디다가 가을을 맞으면서 해님을 닮는 모습으로 익어간다. 주홍빛 동그스름한 꽈리 봉이 되면 사람들의 눈길을 끈다. 봉의 끝자락에는 초록빛 그대로를 살려 앳된 애교를 부린다. 살며시 꽈리 봉을 만져 보면 봉안의 알맹이가 탱글탱글하게 감지된다. 잘 익은 꽈리는 어른들에게는 약용으로, 아이들에게는 간식거리로 그리고 입 노리갯감이 된다.

꽈리로 장난감을 만들려면 요령과 인내심이 필요하다. 알이 굵고 태깔이 고운 것을 고른다. 십자 모양으로 꽈리봉을 가른다. 주황빛 고운 알맹이가 나온다. 산호 보석처럼 곱고 예쁘다. 매혹적이다. 살살 주무르면서 말랑해지면 조심스럽게 꼭지 부분을 돌리면서 속을 빼낸다. 성급하게 다루면 주둥이가 찢어져서 장난감이 될 수 없다. 꽈리 안에 있는 과즙은 새콤달콤하게 맛있다. 속이 빠져 납작한 꽈리의 주둥이를 찾아 공기를 불어넣는다. 다시 동글해진 꽈리를 주둥이가 밖으로 향하게 입안에 넣는다. 입술과 위 아랫니의 조화를 맞추어 지그시 누르면 소리 나는 장난감이 된다. 까르륵 까르륵, 개구리 우는 소리 비슷하다. 운을 살려가며 꽈리를 분다. 요술쟁이가 된 즐거움이다. "애야, 그만 불어라. 비님 오실라." 하는 엄니의 말씀도 동화 속 얘기처럼 들린다.

요즘 아이들의 장난감은 다양하고 화려하며 호사스럽기도 하다. 과학적이고 지능계발성도 있어 효율적이다. 간혹 고가 품목에 멍드는 동심도 있는가 하면 안전성을 외면한 상술로 아이들에게 위험을 초래한다는 뉴스에 울분이 일어나기도 한다.

장난감에 멍드는 동심이 없기를 바라면서 꽈리 장난감을 만든다. 다행히 실수하지 않고 어릴 적 솜씨를 발휘한다. 조금은 멋쩍은 기분으로 꽈리를 불어본다. 옛 소리 그대로인 까르륵 소리, 비님 오실까 염려하던 엄니의 목소리도 듣고 싶다. 장난감으로 변신하는 꽈리의 요술을 손녀딸에게 알려주고 싶다. 주말이 기다려진다.

기다리는 마음

겨울이다. 설경의 정취도 없이 영하로 내려가는 날씨는 일상생활의 활동을 움츠러들게 하고 봄을 기다리는 마음을 더 간절하게 한다. 기다리는 마음에는 늘 조급함이 뒤따른다. 조급하게 서두르다 일을 망치는 경우가 허다한데도 기다림의 시기를 가늠할 수 없는 것이 감정의 한계이리라. 식물들은 그 한계를 초월한 것일까.

지난해 겨울 초입에 고구마 하나를 수반에 담아 창가에 놓았었다. 삭막하게 느껴지는 겨울 분위기를 푸른 줄기 싱싱하게 뻗치는 고구마순을 보면서 활기를 느끼고 싶은 마음이었다. 한 달쯤 지났을까. 기대했던 대로 쫑긋하게 고구마순이 올라왔다. 발그스름하게 자라나는 여린 줄기가 엄마젖을 물고 생글거리는 아가의 초롱초롱한 눈빛처럼 사랑스러웠다. 수반에 줄어드는 물을 채워주고 고구마덩치가 마르지 않도록 등목도 시켜주었다.

날씨가 점점 더 추워지자 손마디 하나만큼만 자란 줄기는 더 이상 뻗쳐나가지를 못했다. 괜한 욕심으로 고구마 신세만 망쳤나 보다. 곧 뭉글하게 썩게 되겠구나 하면서도 차마 버릴 수가 없었다. 여린 모습 그대로 미라가 된 것 같은 그러나 분명 살아있는 고구마와 그 줄기. 겨우내 그 모습 그대로여서 안타까운 마음은 조바심이 들쑥날쑥하였다. 버릴까 말까.

아직도 추운 날씨에 웅크리고 지내던 어느 날, 쑤욱 고개 쳐들고 성큼 솟아오른 고구마 줄기들. 그러고 보니 어느새 입춘이 지난 절기가 봄을 손짓하고 있다. 그렇게 푸르고 싱싱하게 쭉쭉 뻗어오르는 풍성한 생명력, 이제 수반에서는 감당할 수가 없게 되었다. 줄기들을 잘라서 마당으로 옮겨 심었다. 흙속에 뿌리 내린 줄기들이 쭉쭉 뻗어나간다.

추운 겨울 동안 숨죽인 채로 봄을 기다리고 있던 고구마순을 보며, 기다림이란 현재진행형이라는 사실을 깨달았다. 때를 기다린다는 것은 살아있을 때에만 가능한 것이다. 살아 있다는 것은 또한 꿈과 희망을 품고 있다는 의미이다. 그 꿈을 이루어 가는데 혹한의 시기가 없는 생명체가 어디 있을까. 그러나 끝까지 포기하지 않는 자만이 승리의 월계관을 받을 수 있을 것이다.

'장쯔우 아시안 올림픽'에서 우리나라 선수들이 영예의 2위를 달성하며 자랑스러운 모습을 보여주었다. 이어서 개최될 '장애인 올림픽경기'를 준비하는 선수들의 모습을 티브이에서 보았다. 해병대에서 건장하게 군복무를 하던 한 청년이 불의의 사고로 하반신을 가눌 수 없는 장애인이 되었단다. 그때는 모든 희망을 잃고 삶을 포기하고 싶었지만 그러나 지금은 '휠체어 달리기 선수'로서 훈련에 전력을 다하는 그 환한 표정. 엉덩이에 욕창이 생겼어도 훈련에 열중하는 그 모습이 진정 아름답게 꿈을 이루어가는 기다림의 자세가 아닌가.

우리의 역사와 전설에는 망부석에 얽힌 사연들이 많이 있다. 고기 잡으러 나갔다 돌아오지 않는 가장家長을, 국가의 사신으로 타국에 건너갔다가 볼모로 붙잡혀 있는 지아비를, 장사치로 나갔다 소식이 없는 남편을. 같은 자리에서 하염없이 기다리다가 망부석이 되어버린 여인들. 돌아오리라는 희망이 있었기에 망부석이 되도록 기다렸고 망부석이 되었기에 지금까지도 그 이름은 역사 속에 아름다운 여운으로 남아 있는 것이리라.

지구온난화의 결과로 기상이변의 뉴스가 계속된다. 나라 곳곳이 하얀 눈꽃의 절경을 이루었는가 하면 눈사태로 인한 재해도 많이 보도되고 있다. 폭설로 피해를 입은 농민들의 딱한 사정이 안타깝다. 무상한 듯 변화 많은 자연은 사람들의 생활에 희비가 엇갈리게 하면서 겨울의 옷자락을 길게 이어갈 기세이다.

금년에도 고구마 하나, 수반에 담아 놓았다. 작년보다

더 작은 순으로 움츠리고 있는 고구마순. 그러나 기다림의 때가 다하면 다시 무성한 줄기로 풍성하게 뻗쳐나갈 것이다. 살아있는 생명이기에…….

괘종시계

에밀레 종소리처럼 심금을 울리는 소리가 아닌들 어떠랴. 보신각 종소리처럼 우렁차지 않은들 무슨 대수이리. 죽을 고비를 두 번이나 넘기고도 여전히 울려주는 그의 고풍스런 소리.

그는 거실의 중앙 벽 높은 자리에 걸려 있다. 보름달 같은 얼굴에 12개의 숫자를 둥그렇게 그려 놓았다. 길고

짧은 두 팔은 흔들리는 추의 똑딱 소리를 들으며 숫자를 찾아다닌다. 숨바꼭질하듯이 숫자를 찾아가서 그 수만큼의 소리를 들려준다. '재깍재깍' 단잠에서 깨어나 새 날을 맞으라고 말한다. 고된 생활이라 불평하지 말고 즐거운 마음으로 일 하라고 속삭여 준다. 시험 준비를 하는 학생들에게는 '똑딱똑딱' 쉬지 않고 일하는 자기의 모습을 바라보며 힘을 내라고 다독여 준다. 약속시간을 알려 줄 때는 '딩동' 쾌활한 목소리로 기억을 새롭게 한다. 혹 가족 간에 툴툴거리는 마찰음이 빚어지면 듣기 거북하다며 '뚝딱뚝딱' 둔탁한 소리로 일침을 놓기도 한다. 쉬지 않고 일하는 시계, 세월이 여류함을 암시해 주며 가족들과의 대화를 즐긴다.

어느 해 할머니와 할아버지는 자녀들을 데리고 주인집으로 합가를 하셨다. 갑자기 십여 명이 넘는 대가족이 되었다. 가족들의 웅성거림 속에 그도 긴장감이 느껴졌다. 새벽부터 늦은 저녁까지 들고나는 가족들의 시간을 차질없이 맞추어 주려고 양팔에 더욱 힘을 주며 목소리를 높였다. 그러던 어느 날 할머니가 뻐꾸기 한 마리를 데리고 와서 그의 자리에 앉혔다. 가족들은 뻐꾸기의 우아하고 화사한 맵시와 쫑긋하고 청아한 목소리를 환호하였다.

하는 수 없이 그는 창고로 밀려나는 신세가 되었다. 밥도 먹지 못하는 기진한 상태에서 쌓이는 먼지를 털어버릴 힘도 없었다. 참으로 우울하고 씁쓸하였다. 그래도 고물상에 버리지 않음을 감사하며 죽은 듯이 참고 기다리기로 했다. 언젠가 다시 활동할 수 있는 기회가 올 거라는 꿈을 꾸면서. 간혹 주인이 창고에 들어와서 이것저것 챙기다가 안쓰러운 듯 살며시 쓰다듬어 주었다. 반가운 마음으로 주인을 바라보며 지그시 슬픔을 참았다.

늘 밝은 웃음으로 생기 있게 분주하던 주인의 모습이 이제는 피로에 지친 듯 우울해 보였다. 아직도 신혼 기분으로 어린 아들딸과 새록새록 재미있게 지내던 주인. 지금은 한편으로 밀려나 다소곳한 모습으로 살아가야 하는 처지가 되었나 보다. 시대가 많이 변했다고 하지만 그래도 주인의 성격상 시집살이 석삼년을 세 번 헤아리는 심정으로 지내고 있나 보다. 주인이 그에게 연민을 느끼는 것은 어쩌면 자신의 처지와 비슷하다는 느낌 때문인지도 모른다. 그런 주인을 위해 무언가 도움이 되고 싶지만 방법이 없다. 그저 묵묵히 내 자리 지키고 있는 모습을 보여주는 수밖에. 그렇게 몇 해가 지났을까.

어느 날 창고로 들어온 주인은 매우 애틋한 눈빛으로 그를 찾아주었다. 자욱한 먼지 속에서 그의 텅 빈 가슴이 콩닥콩닥 방망이질을 하였다. 주인은 정성 어린 손길로 그의 몸에 쌓인 먼지들을 말끔하게 닦아주었다. 마치 주인의 내면 깊숙이 자리하고 있던 생활상의 무게들을 힘겹게 벗겨내고 있는 것 같은 손짓이었다. 이제 어느 정도 모양새가 갖추어졌나 보다. 향기 나는 기름 단장을 해 주는 주인의 손끝이 매끄럽게 느껴지며 옛 모습이 되살아났다. 주인은 희색이 만면한 그를 거실로 데려가 옛날 그 자리에 걸어주었다. 그리고 오랜 시간을 끌며 허기진 배를 채워주기 시작하였다. 행여 체할까 싶어 조심스럽게 태엽을 돌리는 주인의 손등에 와락 뽀뽀라도 하고 싶다.

기능을 잃어버린 뻐꾸기 대신에 시대에 걸맞을 새 시계를 걸지 않고 굳이 고물이 된 그를 다시 걸어 주는 이유는 무엇일까. 주인은 그를 자신의 옛 모습으로 생각하고 있었나보다. 많은 가족들이 각 자의 길을 찾아 떠나기까지 긴 세월 동안 주인은 직장과 살림을 위해 한 치의 여유도 없이 살아야 했던 날들이었다. 이제 직장생활을 마친 후의 여유로움 속에 주인은 창고 속의 그에게도 다시 빛을 보게 해 주고 싶었을 것이다. 그는 가슴 벅차오르는 기쁨으로 쿵쾅거리는 박동을 시작하며 거실 안을 둘러본다.

여전히 헐렁한 거실에 예전보다 훨씬 커다란 텔레비전이 놓여 있다. 벽에는 온 가족이 웃고 있는 대형 액자가 걸려 있다. 그가 사랑했던 어린 주인들을 꼭 닮은 꼬마들이 어른이 된 그들 품에 안겨 있는 다복한 모습이다. 활짝 웃고 있는 주인의 표정에도 우울한 그늘은 엿보이지 않는다. 참고 기다린 보람이 있어 행복한 괘종시계. 오늘도 팔에 힘을 주어 새벽을 깨운다. 데~ㅇ, 데~ㅇ, 데~ㅇ.

과잉보호

겨울마다 눈이 내리기를 기다립니다. 눈이 많이 내리던 고향의 추억을 그리워하면서. 지난 9일, 기온이 영하로 떨어지고 눈이 내리게 될 거라는 예보에 마음은 싱숭생숭하였습니다. 우수, 경칩도 지났는데 과연 기상예보가 맞을까. 하얀 눈이 수북하게 쌓이면, 눈사람도 만들고 눈 사진도 찍고 눈꽃도 만들고…….

한참 즐거운 상상을 하다가, 아차! 갑자기 걱정이 되었습니다. 한창 앙증스럽게 올라오는 화단의 새싹들이 영하의 추위와 함빡 쌓이는 눈을 어떻게 감당할 수 있을까. 얼어서 죽게 될까. 다급해진 마음은 허둥지둥 비닐봉지와 이쑤시개를 찾아들고 마당으로 나갔습니다. 무리 지어 올라오는 새싹들 위에 비닐봉지를 덮어씌우고 이쑤시개를 꾹꾹 찍어서 고정하였습니다. 제발 잘 견디어내기를 바라면서 비닐하우스를 만들어 준 셈이지요. 그러나 여기저기 흩어져 있는 원추리 싹에는 손을 쓸 수가 없었습니다. 그저 기상예보가 어긋나 혹독한 추위가 아니기만을 바라면서 미안한 마음에 뒤통수만 긁적이며 그냥 들어왔습니다.

다음날 아침, 보셨지요. 온 천지가 하얀 포근함으로 덮여 있는 자연을! 마당은 목화솜을 소복하게 쌓아놓는 것 같네요. 사철나무와 동백이 하얀 눈꽃으로 망울망울 피어 있고요. 앞산에 있는 늘 푸른 나무들도 유럽풍의 풍만한 설경을 연출하고 있는 풍광이 참으로 아름다웠습니다. 눈目으로 보는 눈雪은 동심의 아름다움이지요.

티브이 뉴스는 출근현장을 걱정하고 있네요. 제설차를

동원하여 도로에 쌓인 눈을 치우는 장면을 계속 보여줍니다. 대중교통을 이용하라고 강조합니다. 자기 집 앞의 눈을 쓸어내지 않고 있다가 부상자가 생기면 집 주인의 책임이라는 것도 알려주네요. 유치원과 초등학교는 휴교령을 내렸다고 딸한테서 전화도 왔습니다.

우리 집 앞 골목도 쓸어야 되겠구나. 그러나 빗자루 대신 먼저 자를 들고 마당으로 나갔습니다. 뉴스에서 이미 말하였지만 그래도 눈의 키를 재보고 싶었지요. 5.2cm의 높이네요. 일기예보의 정확성에 찬사를 보냈지요. 대비를 세워 둔 모퉁이까지 걸어가는데 눈이 발목까지 삼키려 합니다. 대비에 쌓여 있는 눈옷을 탈탈 털어버리고 대문까지 가는 길에 비질을 해봅니다. 이 얼마 만에 쓸어보는 눈인가요. 솜털처럼 부드럽게 내린 눈은 아직 무게를 싣지 않았습니다. 가볍게 길을 내주네요.

고향집에서는 눈 치우는 일이 결코 쉬운 일이 아니었습니다. 자고 일어나면 온 천지에 수북하게 쌓인 눈. 오빠가 삽을 들고 앞서가며 눈을 퍼내면 아버지는 뒤따라가며 대나무 비로 쓸었습니다. 눈을 쓸고 있는데도 희뿌연 하늘에서는 함박눈이 펑펑 내렸습니다. 오빠들 솜씨로 눈사람도 아이까지 거느린 부부상으로 즐거운 표정이었습니다. 겨우내 마당 한쪽에는 눈덩이가 산처럼 쌓여 있었습니다.

지금 우리 집 마당의 비질은 금세 끝이 납니다. 고향집의 마당에 비하면 마당이라는 말이 무색할 정도니까요. 대문을 열고 보니, 부지런한 옆집 아저씨가 이미 골목의 눈길을 터놓았네요. 그래도 다시 싹싹 쓸어봅니다. 그런데 문제는 화단에 쌓인 눈입니다. 연초록의 새싹들을 하얗게 덮어버린 눈은 손을 댈 수가 없네요. 눈을 쓸어내다가 행여 새싹들이 더 다치게 될까 봐 그저 눈이 녹기만을 기다릴 수밖에요. 그렇게 초조하게 하루가 지났습니다.

다음날, 햇살이 비치기 시작하면서 어느새 눈높이가 조금 낮아졌나 봐요. 하얀 눈 위에 파릇하고 싱싱하게 솟아 있는 원추리 싹들, 생생하기도 하여라. 땅속을 뚫고 나올 때보다 더 싱싱한 생기를 보여주는 신비스러운 아름다움입니다. 장애물 경기를 마치고 힘차게 달려오는 선두주자와 같은 장한 모습입니다. 오후가 되니 눈은 점점 더 녹으며 화단의 윤곽이 드러나네요. 비닐봉지 안에 갇힌 새싹들, 조심스럽게 덮인 눈을 털어내고 비닐봉지를 걷어냈습니다. 그런데 이게 웬일입니까. 여린 싹들이 이리저리 구겨져 있습니다. 비실한 몸짓입니다.

비닐봉지를 덮어준 것은 오히려 자연의 이치를 거스르는 걸림돌이 되었나 봅니다. 괜한 염려로 어설픈 과잉보호가 빚어낸 구김살이라 해야겠지요. 미안하다는 말이 거듭나옵니다. 그래도 저들은 원망하는 눈빛을 보이지 않습니다. 사랑과 연민의 마음이었음을 알고 있다는 고갯짓입니다. 과잉보호가 아니기를 바라면서 또 지지대를 세워줍니다. 그렇게 하루 이틀~, 구겨진 매무새를 곧추세우며 여린 싹들이 일어나고 있습니다. 초록빛 생기로 마당을 물들일 저들의 모습이 더욱 사랑스럽습니다.

과잉보호, 우리들의 삶에도 바람직한 것은 아니겠지요.

겨울나무

아무런 모양도 빛깔도 없는 우둘투둘한 회색빛 옷 하나만 걸치고 구태의연하게 서서 춥고 긴 겨울을 보내고 있는 당신을 바라보면 온몸이 시려옵니다. 훌훌 털어 버리고 내면으로 호흡하며 봄을 준비하는 것이 자연의 이치라고 하지만, 당신을 좀 따뜻하게 해 줄 방법이 없을까 궁리해 봅니다.

당신의 발치에 마른 흙들을 북돋우어 이불로 대신하라고 덮어봅니다. 낙엽들을 긁어모아 덧이불로 올려 봅니다. 볏짚을 얼기설기 엮어서 옷을 만들어 당신 몸에 입혀 봅니다. 또 다른 방법은 없을까. 화려한 장식의 조명을 당신 몸에 두루 감아주고 깜박이게 하는 것을 보았습니다. 형형색색의 불빛으로 반짝이는 당신을 보면서 사람들은 아름답다고 감탄하며 즐거워들 합니다. 그러나 현란한 조명들의 치장이 자연스레 봄을 기다리는 당신의 목을 조이고 있는 것 같아 내 마음은 더 시려집니다.

당신을 위해서 이제 내가 할 수 있는 방법은 기도하는 것뿐입니다. 삼한사온의 날씨가 조화를 잘 이루어 마냥 혹한이 계속되지 않기를 바랍니다. 사온의 기간에 따스한 햇살이 가득하기를 소원합니다. 때로는 단비도 내려서 당신의 거칠어진 피부에 윤활유가 되어 주기를 기대합니다. 가끔은 함박눈이 내려와 당신의 차가운 몸을 포근하게 감싸서 백설의 아름다움으로 세워주기를 희망합니다.

하얀 눈을 소복하게 안고 서 있는 당신의 모습이 다양한 연상聯想으로 다가옵니다. 당신의 발등을 푹신하게 덮고 있는 하얀 눈 위에 발자국 도장으로 해바라기 꽃을 만들어 봅니다. 한겨울에 노란 꿈을 꾸고 있는 해바라기를. 당신과 친구가 되라고 숯검정 눈썹에 솔가지 수염을 단 눈사람도 만들었지요. 눈사람과의 대화가 끝나면 눈싸움도 즐겨보라고 눈뭉치도 만들어 쌓아 놓았고요.

솜사탕처럼 내리는 눈을 거부감 없이 감싸 안아서 피어낸 눈꽃들은 참으로 환상적인 아름다움입니다. 나뭇가지에 쌓인 눈꽃을 바람결로 날려주는 눈꽃가루를 맞으며 깡충거리는 동심은 즐겁기만 합니다. 하얀 눈치마를 두툼하게 차려입은 당신의 허리는 새로운 생명을 잉태하는 요람으로 느껴집니다.

아~, 당신은 지금 추운 겨울을 죽은 듯이 움츠리고 있는 것이 아니라 새 생명을 잉태하고 있나 봅니다. 소중한 생명을 품고 있기에 겨울 동안의 강추위와 외로움도 당당하게 버티어낼 수가 있는 것이겠지요. 봄이 되면 파릇하게 태어날 새싹들의 아름다움을 키우기 위하여 그렇게 어엿할 수가 있는 것입니다. 생명을 잉태함에 있어 동반되어야 할 인내와 희생적 사랑을 당신에게서 배우게 됩니다. 마치 어머니가 아기를 잉태하여 무거운 몸을 불편해하지 않고 오히려 무한한 기쁨과 자긍심으로 열 달을 견디어내듯이. 때가 되어 당신의 살갗을 터뜨리고 초록빛 연한 싹들을 피어낼 때의 아픔인들 오죽하겠습니까. 견디기 어려운 분만의 진통도 사랑스럽게 태어날 아가의 안전을 염려하며 이를 악물고 참아내는 우리 어머니들의 마음과 같은 인고이겠지요.

봄이 오면 당신이 생산한 연초록빛 그 신선한 아름다움은, 마치 천사처럼 평화스럽게 잠든 신생아의 입가에 그려지는 사랑스러운 미소를 보는 기쁨입니다. 미풍에 흔들리는 초록물결은 수정보다 맑은 눈망울을 빛내며 까르르 소리 내어 웃고 있는 아가들의 표정인 것 같습니다. 여름이 되어 무성하게 자라 녹음 우거진 숲은 건장하게 자라서 학문을 탐구하며 지혜와 덕망을 겸비한 젊은이들의 자랑스러운 모습으로 보입니다. 꽃을 피우고 열매를 맺어 익어가는 것을 보면 우리들 각자에게 맡겨진 임무를 열심히 수행하는 듬직한 일꾼들을 보는 것 같습니다. 그리고 가을이 되면 또다시 훌훌 떠날 차비를 하는 저들에게 아름다운 채색 옷으로 단장시켜 주는 당신은 참으로 푸근한 모성애母性愛의 상징입니다. 그렇게 다 챙겨주고 빈 몸으로 겨울을 맞이하는 당신은 사랑 그 자체입니다.

이제 당신이 추워 보이지 않습니다. 당신의 내면세계에 펼쳐지는 생명력으로 인하여 훈훈한 사랑이 넘쳐나는 것 같습니다. 당신이 서 있는 그 자리에서 철따라 변하는 환경에 묵묵히 적응하며 계절에 맞는 꿈을 펼치는 것처럼, 우리의 삶도 같은 모습이겠지요. 겨울나무, 당신에게서 자연의 섭리攝理를 배웁니다. 삶의 순리를 되새겨 봅니다. 당신은 묵언의 잠언입니다.

상상하다

어떤 이야기를 보고 듣거나 읽으며 흥미와 관심을 보이는 것은 사람마다 다르다. 각자 다른 상상을 하기 때문일 것이다. 엉뚱한 상상은 때로 난처한 입장이 될 수도 있고 터무니없는 유머로 웃음바다를 만들기도 한다.

셋째 오빠는 좀 개구쟁이 기질이 있었나 보다. 어린 우리 친구들을 앉혀놓고 옛날이야기를 잘 해 주었다. 오빠가 들려주는 귀신 이야기를 들으며 우리들은 무서워서 벌벌 떨었다. 그때 상상한 귀신의 이미지를 각인시켜 놓고 나는 아직도 자유롭지 못할 때가 있다.

어느 해 여름, 늦은 저녁에 남편의 안내에 따라 팔영산으로 가는 길이었다. 가로등도 없는 캄캄한 시골 신작로, 가로수는 장승처럼 줄지어 서 있어서 더 으슥한 느낌이다. 앞서가는 차나 뒤따라오는 차라도 있으면 좀 위안이 되련만, 조수석에 앉은 그이와 운전대를 잡은 나와 우리 차 외에는 그저 암흑이다. 그렇게 한 시간쯤은 더 달려야 목적지에 도착할 거란다. 휴가 기분을 돋우어 주려고 남편은 이런저런 대화를 하고 있지만 내 귀에는 하나도 들리지 않았다. 바짝 긴장된 나는 경직된 상태로 전조등이 비취는 정면만 응시하였다. 고개를 돌려 좌우를 살필 용기도, 백미러를 쳐다볼 수도 없었다. 행여 검은 머리 산발을 하고 핏물 먹은 입을 히죽거리는 귀신이 뒷좌석에 있을 것만 같아서. 그래도 비장의 무기, 찬송가를 부르며 운전을 한다. 간신히 목적지에 도착하고 방안에 들어와서야 털썩 주저앉아 푸념을 늘어놓았다. 다시는 밤중 나들이는 하지 말자고. 의아해하는 남편에게 차마 귀신 이야기는 할 수 없었다.

'자궁의 모양은 속이 빈 서양 배와 같다.'라고 산부인과학 교과서는 설명한다. 서양 배를 본 적이 없는 나는 당연히 배의 색깔과 맛은 우리 것과 같다고 상상하였다. 1969년 호주 프랭스톤의 한 가정집에서 과일을 먹는 시간이었다. 우리의 조롱박같이 생긴 초록색의, 식감은 뭉글하고 맛도 밋밋한 처음 보는 과일. 무엇이냐고 물으니 배라고 한다. 나는 배가 아니라고, 우리의 배 모양과 색깔을 그려가며 설명하였다. 호주의 배는 이렇게 생겼다고 하며 그분들은 웃으셨다. 그러고 보니 배 모양이 산부인과 교과서에서 본 그대로다. 어긋난 상상으로 우직하게 우겼던 무지에 실소를 하였다.

"그녀의 집은 바윗집이다."라는 지인의 글을 읽으며 나는 상상의 나래를 폈다. 완만하게 펼쳐진 산등성이를, 둥글하게 웅장한 바위를, 바위 옆에 운치 있게 자리한 너와집을, 집 앞으로 펼쳐지는 초원을, 들풀 사이로 군데군데 수줍게 피어나는 들꽃들을, 산들거리는 초록바람을 상상하며 한 번 가보고 싶었다.

기회가 되어 그 바윗집에 갔다. 도심의 빌딩들이 우뚝우뚝한 골목길을 지나 외골목으로 빠지는 자리에 떡 버티고 있는 커다란 쪽바위. 바위 살을 깎아 내준 좁은 돌계단. 조심스런 마음으로 돌계단을 오른다. 무엇이든 내려놓아야 할 것 같은 기분이다. 바위 위에 다소곳하게 자리 잡은 자그마한 집, 묵언을 품고 있는 듯이 묵직한 운치다. 사람을 위한 자리에 더 이상 바위의 흔적은 보이지 않는다. 아낌없이 내어주는 바위가 되었나 보다.

신기하기도 하여라. 바위 틈새 어디로 뿌리를 내린 것일까. 늠름한 자태의 무화가 나무가 무성한 잎으로 바윗집 지붕에 그늘을 드리우고 있다. 어디 그뿐인가, 올망졸망한 열매들이 여름 햇볕에 볼을 붉혀가고 있다. 참새들은 발그레하게 익어가는 무화과에 눈독을 들이고 가지 사이를 포르륵거리며 날아다닌다.

내가 상상했던 바윗집과는 사뭇 다른 운치이다. 낮은 모습으로 앉아 하늘 높은 줄 모르고 치솟는 아파트 빌딩들을 무게 있게 응시하는 바윗집. 도심 안에서 풍기는 자연의 위엄이다. 부동산의 가치를 계산에 두지 않고 그 집을 아끼는 지인의 마음에 공감이 간다.

사람은 상상하는 동물이라고 했던가. 상상은 실존에만 영향을 받는 것도 아니다. 생리적으로나 정서적으로도 다양하게 감성의 자리를 잡는다. 그 다양하게 다른 상상으로 인하여 희로애락의 경지도 격차를 보인다. 상상의 나래를 펼치는 것은 메마르기 십상인 일상에 초록빛 바람을 일으키는 신선함이다.

이 딱한 것아!

삼십여 년을 주택에 머물러 살았다. 창고며 다락방에는 욕심이라기보다는 정리하기에 게을렀던 산물들이 빽빽이 쌓여 있다. 어머님이 아끼던 살림들이며 시동생들이 공부하던 묵직한 의학 서적들, 아이들의 교과서와 그이와 내가 즐기던 책 등. 순간순간의 추억을 간직하고파 찍어두었던 사진과 앨범, 액자 등이다. 그리고 마당에 즐비한 꽃나무와 화분들…….

다 버리라고들 하지만 마구잡이로 버릴 수는 없다. 모두 다 한 번씩 훑어보고 골라야 한다. 이 많은 물건들 중에 한 오 분의 일만 골라야 할 형편이니, 이를 어쩌면 좋아. 면접시험을 볼 때처럼 어떤 객관적인 기준이 있는 것도 아니고, 가족들의 추억과 감성이 얽힌 것들이니 쉬 결정을 내릴 수가 없다. 들었다 놓기를 반복하다가 제자리, 그리고 결단력 없음을 자책한다.

고르고 남은 가구들도 그저 버리기에는 모두 애착이 간다. 식기류가 필요한 사람이 없을까. 책들을 갖고파 할 사람은 누구일까. 옷가지들을 보낼 곳도 찾아보고, 꽃을 나누어 줄 사람도 물색해 본다. 일을 척척 처리할 줄도 모르면서 미주알고주알 생각만 굴리고 있으니 진척은 보이지 않고 날짜만 지나간다.

그래도 생각을 굴릴 때가 좋았다. 새 주인을 만난 저들을 떼어 보내야 하는 순간, 웃으면서 건네주는 손길이지만 마음 한구석에는 휑한 구멍이 숭숭 뚫리는 것 같다. 허한 바람이 일면서 빗소리를 낸다. 많이 사랑해주지 않았어도 한결같이 반들반들 윤기가 나던 항아리들, 몇 십 년을 소리도 못 내고 있었지만 여전히 품위를 잃지 않고 단아한 모습 그대로인 다듬잇돌, 북북 거품을 내며 보리쌀을 갈던 추억을 간직한 채로 조약돌들을 품어주던 듬직한 돌확. 다달이 알록달록 앙증스레 달려나와 웃음을 선사하던 꽃나무들.

끝이 없을 것 같던 간추리기가 이사하는 날이 되니 그런대로 갈피를 잡았나 보다. 선택된 친구들이 떠난 자리엔 새집으로 갈 가구들과 쓰레기처럼 버려질 물건들만 남아 있다. 이사트럭에 실린 가구들은 의기양양한 것일까, 뒤도 돌아보지 않고 달려 나간다. 아니 처져 있는 친구들에 대한 미안함 때문에 눈길을 줄 수가 없는 것이겠지. 설마 버려지는 곳으로 가는 줄도 모르고 자기 차례를 기다리고 있는 남은 물건들이 애잔하다.

이도저도 다 떠난 고택에 덩그마니 홀로 남아 있는 뒤주. 왈칵 눈물이 나온다. 이 딱한 것아! 너를 어쩌면 좋으랴. 쌀 두 가마를 족히 품을 수 있는 덩치. 몸체는 상처투성이고 색깔도 많이 바래어 좀 꾀죄죄한 모습이다. 그래도 태어날 때 받았던 커다란 자물통을 소중하게 간직하고 있는 너. 고전가구 수집가가 아니더라도 너를 소중히 여길 사람이 있을 것이라 믿었다. 그런 새 주인을 찾아주려 무던히 애를 썼다. 그러나 모두들 쉬 결정을 하지 못하더라. 너를 떼어놓기 싫은 마음에 잣대질도 수없이 해 보았다. 그러나 새 집에는 너를 앉힐 만한 공간이 없는 것이 나를 몹시 슬프게 한다.

농경시대에 너는 다복과 명예의 상징이었다. 대농大農에 가족 수가 많고 거느린 식솔이 많은 집에는 커다란 뒤주가 필수적이었다. 너를 탐내면서도 함께할 형편이 못 되는 빈농貧農이 더 많았다. 도시에 사는 우리에게 너는 옛 역할만을 고집하지 않고 무엇이든 받아주었다. 쌀, 보리뿐 아니라 모든 잡곡과 라면이나 당면, 해조류 등 무엇이나 맡기는 대로 품고 마른 냉장고 역할을 잘 해 주었다.

운조루*에 갔을 때 너보다 더 큰 덩치에 타인능해他人能解라는 이름으로 서 있는 뒤주를 보았다. 아흔아홉 칸이나

---

* 운조루–낙안 군수 류이주가 건축한 전통가옥. 전남 구례에 있음.

되는 저택에 걸맞은 크기라고 생각했다. 그러나 알고 보니 쌀이 없어 끼니를 걱정할 사람들이 와서 필요한 만큼씩 가져가도록 사용되었다는 미담의 주인공이야. 주인의 눈치를 보지 않고 가져갈 수 있도록 사랑채와는 반대쪽 창고에 서 있었다. 숱한 전란과 반란의 소용돌이 속에서도 옛 모습 그대로 보존되고 있는 운조루와 뒤주. 그렇게 아름다운 모습으로 살아야 한다는 생각을 다시 하였다.

운조루 외에 김제 장화동의 정준섭 고택이나 경주의 최부잣집이 전해주는 훈훈한 일화가 있어 우리의 역사와 민심이 자랑스럽다. 그런가 하면 사도세자를 품을 수밖에 없었던 안타까운 사연도 있구나. 죽어가는 세자를 품어야 했던 뒤주는 자기의 큰 덩치가 얼마나 한스러웠을까. 딱하디 딱한 모습으로 내 기억 속에 남아 있는 영화 속의 그 뒤주.

부디 우리처럼 너를 사랑하는 새 주인이 나타나기를 희망하면서 작별을 고한다. 미안해, 뒤주야.

이사 후 한 달

이사 좀 왔다고 동서남북이 또 헷갈린다. 오십여 년을 부산에서 살았다는 게 참 무색한 일이다. 어릴 때 기억하던 동서남북, 부산진구에서는 서쪽에서 해가 떠서 적응이 잘 안 되더니 북구로 오니 남쪽으로 해가 지는 것을 보며 어리둥절해 한다. 어리둥절하고 있는 것은 우리 집 가구들도 마찬가지다. 할 일을 잊어버리고 그저 우두커니 서 있는 저들. 수십 년간 함께하던 친구들이 많이 보이지 않고 대신 드문드문 낯선 얼굴들이다. 허전함과 서먹함으로 서로 머뭇거리고만 있다. 특히 덩치가 큰 전자제품들이 넋을 놓고 있으니 집 안의 모든 것들이 환자가 되었다. 저들의 마비된 기능을 살릴 수 있는 전문가를 찾아 주느라, 첫 주간은 더위도 잊은 채 동분서주하였다. 덩치 큰 자들이 제 할 일을 시작하니 살맛이 난다. 그러나 자잘하게 처리해야 할 일감들이 태산처럼 느껴져 갈팡질팡한다. 칠월 하순의 열기는 땀을 줄줄 흐르게 하며 힘을 뺀다.

차라리 옛집에 그대로 살았으면 이 고생을 하지 않아도 되었을 것을. 그곳 마당에는 지금쯤 여름 꽃들이 아름다움을 자랑하며 피어나겠지. 초록 이파리 속에 숨어서 토실하게 감이 영글어가고, 꽃인 듯 씨인 듯 가슴 안에 품고 발그레 익어가는 무화과도 한창이겠다. 지난 것에 대한 아쉬움이 더 크게 느껴지는 심리, 이런 마음 때문에 그때 우리 아이도 새 집에 이사 가는 것을 싫어했던 것일까.

옛집이 새집이었을 때, 아들이 너덧 살이었다. 이사를 앞두고 아이의 정서적 감정에 혼란을 주지 않으려 미리

새집을 보여주었다. 발코니의 낭만과 정원다운 마당에는 작은 연못에 분수噴水도 있다. 또 마당 한쪽에 있는 어린이용 그네를 보면서 아이는 만족해하였다. 이제 여기가 우리 집이라고 설명도 해 주었다. 그러나 이사를 하고 저녁때가 되니 아이는 엉엉 울면서 우리 집에 가자고 떼를 썼다. 아무리 설명을 한들 무슨 소용이 있나, 난감하였다. 하는 수 없이 아이를 데리고 옛집을 찾아갔다. 새 주인이 아직 이사를 오지 않은 상태의 옛집, 그것도 땅거미가 짙어지는 저녁이니 분위기는 을씨년스러울 수밖에. 아이는 눈물 자국 그대로 새집에 안착하였다.

두 주가 지났어도 집안은 어수선하다. 끝이 보이지 않는 일들 앞에 아이처럼 울 수도 없다. 누군가의 도움을 받으라고 말들 하지만 가구들은 나 아닌 타인과는 교감을 나눌 수 없지 않은가. 이사 후에는 석 달쯤 지나야 짐들이 정리된다는 말에 위로를 받는다. 어지간히 지친 몸, 에~라 모르겠다 싶어 일손을 놓아버린다. 그 와중에도 호강스러워하는 지체가 있으니 그 이름은 귀.

새들의 노래 소리를 들으며 새벽잠에서 깨어난다. 매미

들의 합창 소리가 늦은 저녁시간까지 들려온다. 자연을 닮은 조경이 자연의 소리를 들려준다. 지층이 이글거리는 시간이 되면 광장의 분수는 시원한 물길을 하늘로 솟구친다. 환호를 지르며 물놀이를 즐기는 아이들, 어느 순간 앙~ 하고 터지는 아기들의 울음소리, 우는 아기 달래느라 안절부절못하는 젊은 엄마의 다양한 언어들. 들리는 대로 모두 즐거운 소리들이다. 이사 온 지 한 달, 밀린 일 접어두고 소리에 이끌려 밖으로 나온다. 석 달이 되려면 아직 두 달이나 남아 있다. 혹 손님이 들이닥친다 해도 핑계를 부릴 수 있는 기간이다.

뒤뚱뒤뚱 걸어가는 돌맞이 아기들, 걸음마 단계를 벗어났다고 한사코 달려가기만 한다. 아이 따라 엄마 아빠도 종종걸음. 그네와 시소에서 흘러나오는 웃음소리, 인라인스케이트를, 자전거를 즐기는 활기찬 어린이들, 놀이터에 철퍼덕 주저앉아 딱지치기에 열을 올리는 소년들, 쿵쿵 농구공을 굴리며 굵직한 바리톤으로 승부를 우기는 학생들. 모든 소리가 한데 어우러지니 아우성으로 들린다. 아우성, 저렇게 아름다운 아우성이라면 언제 들어도 소음으로 여

겨지지 않으리라.

마당에서 풍겨주는 매력에 취해 세상사의 변화에 둔감한 채 옛집의 정적인 분위기에 만족해하던 감성. 슬며시 아파트 단지의 동적인 매력에 빠진다. 하기야 우리네 삶이 어느 순간인들 정적인 상태에 머물러 있으려 하던가. 예스러움은 아름다운 추억으로, 새로움은 설레는 호기심으로, 그렇게 이사 후 한 달이 달리고 있다.

4. 옆자리

1971년 3월,
부산 금정산성 북문

항상 옆자리에 든든하게 있어주던 내 반쪽이던 그 사람.
이제 이렇게 홀로 여행을 할 때마다 더욱 보고파진다.
허기진 그리움이다.

옆자리

옆자리에 누가 앉을까. 혼자서 대중교통을 이용하여 먼 길을 떠날 때마다 신경이 쓰인다. 두리번거리며 좌석번호를 훑어보던 아가씨가 옆자리에 앉는다. 다행이다. 눈길도 주지 않고 자리에 앉은 아가씨는 곧바로 스마트 폰을 검색한다. 나는 망설인다, 뭐라고 인사말이라도 할까 말까.

소심한 내 성격도 생면부지의 옆 사람에 대하여 신경

쓰지 않고 묵묵히 책이나 읽으며 가는 것을 좋아한다. 그러나 여학교 시절에 들었던 훈시가 뇌리에 남아 있어 이럴 때마다 머릿속이 복잡하다. 모르는 사람이라고 인사나 대화도 없이 목적지까지 그냥 간다면 그건 예의에 어긋나며, 또한 결함이 있는 성격인 것이라고.

옆자리에 어른이 앉으면 다소곳하게 있으면 된다. 어른의 단도직입적인 질문에 대답할 말을 잃고 어물거리며 난감할 때도 있다. 나보다 어린 사람이면 생각이 깊어진다. 어색하거나 곤란하지 않게 공감하며 즐겁게 나눌 수 있는 대화가 되도록 무슨 말을 어떻게 꺼내야 할지. 가장 곤란한 것은 어중간한 이성이다. 인사치레 말을 꺼내기도 쑥스럽고 자칫 치근덕거리게 될까 봐 걱정이 앞선다. 하기야 내 친구 중 한 명은 그 치근덕거리던 옆자리가 인연이 되어 결혼하여 알근달근하게 산다. '옷깃만 스쳐도 인연'이라는 속담에 싱긋한 미소를 보낸다.

내게 옆자리의 고마운 인연 하나 흐뭇한 추억으로 자리하고 있다. 국내 여행도 익숙하지 않던 처녀 시절이었다. 영어실력도 신통치 않는데, 혼자서 호주까지 비행기를 타야

하던 때의 초조함이라니. 김포공항에서 'THAI AIR LINE'으로 출발, 홍콩에 가서 'QUNTAS' 로 갈아타고 뉴질랜드에 잠시 정차하였다가 시드니까지 가는 여정이다. 비행기를 타자마자 우리말 대신 영어만 들려왔다. 기내에는 거의 외국사람 일색이었다. 나는 과연 시드니 공항에 무사히 내릴 수 있을까, 심히 두려웠다.

옆자리에는 나이 지긋한 백인 남성이 앉았다. 나는 의젓해 보이려 웃으며 눈인사를 보냈지만, 배우 못지않은 외모의 그 어르신은 잔뜩 겁먹은 내 표정을 환히 읽었으리라. 나를 안심시키기 위함인가, 먼저 자기소개와 비행 목적을 설명하고 뉴질랜드에서 내린다고 한다. 나는 영어를 잘 할 줄 모른다고, 첫 비행이라고 더듬거리며 내 형편을 말하였다. 그런 내가 딱해 보였을까. 여행의 피로도 잊은 듯 내게 영어 상식과 서양식 식사 예절 및 기내 방송 내용도 알려주고, 홍콩에서 비행기를 갈아타는 것도 도와주었다. 주저없이 든든한 보호자가 되어 준 그 멋진 신사 덕분에 나는 무사히 시드니공항에 잘 내렸다.

슬쩍 곁눈질 해본다. 이미 폰에 취해 있는 아가씨에게

말을 붙인다는 것은 오히려 민폐가 되지 싶다. 잘됐다 싶은 마음으로 월간지를 펼쳐든다. 읽을거리가 많아 차창 밖 풍광은 감상할 겨를도 없다. 예전에는 장거리 여행 시에 읽을거리를 준비해 가느라 어깨가 무거웠는데, 이제는 이렇게 다 준비되어 있으니 얼마나 고마운 일인가.

갑자기 오른쪽 어깨에 무게가 실린다. 어느새 잠에 취한 아가씨의 고개가 내게로 기울어졌다. 화면에서 많이 보던 장면이 머리에 스친다. 그러나 우린 연인 사이가 아니다. 그래도 가만히 있어 준다. 얼마 후 고개를 끄떡하다가 화들짝 놀라며 잠이 깬 아가씨. 이제는 노트북을 펼치고 작업을 한다. 아직 젊어서 할 일도 많고 피곤도 하겠구나 하는 마음에 조금은 짠하다는 생각이 든다. 할 일을 다 마쳐서 나는, 이렇게 한가한 마음으로 행복한 것인가. 누군가는 몇 년 만이라도 젊어졌으면 하고 바란다지만 난 이대로가 좋다.

아가씨의 눈치를 또 살핀다. 같이 먹자고 나누어 주면 받아줄까. 위대胃大하지 못한 나는 조금씩 자주 먹어야 한다. 따라서 여행할 때는 약간의 간식거리를 챙겨서 다닌다. 옆 사람과 나누어 먹는 것을 당연시할 때도 있었지만 사기 치는 수법이 다양해진 요즘에는 여간 조심스럽지가 않다. 하여 옆자리의 눈치를 보느라 먹지 못하고 쪼르륵거릴 때도 있다. 부스럭거리며 꺼낸 포도송이 하나.

"같이 먹을래요?" 멋쩍게 손을 내밀어 본다.

"감사합니다." 밝게 웃으며 받는 아가씨의 표정이 예쁘다. 그리고 자연스레 이런저런 대화가 이어진다. 책을 읽는 것도 좋고 차창 밖의 경치를 감상하는 재미도 쏠쏠하지만 옆 사람과 대화를 나누는 여행이 더욱 아름답지 않은가. 숙제를 잘한 학생이라고 칭찬받은 기분이다.

항상 옆자리에 든든하게 있어 주던 내 반쪽이던 그 사람, 이제 이렇게 홀로 여행을 할 때마다 더욱 보고파진다. 허기진 그리움이다.

라파의 집

제주도는 우리에게 모두 즐거운 추억으로 기억되고 있습니다. 신혼 기분에 찾았던 제주도와 한라산은 봄 햇살처럼 따스한 행복이었지요. 아이들과 함께한 한라산 등산은 싱그러운 초록빛 기쁨이었습니다. 세미나 참여의 기회를 타서 중문해수욕장의 해수욕과 여미지에 펼쳐진 식물들의 화려한 세계도 감상하였지요. 진주혼식 기념으로 왔을 때는 우도까지 다녀왔습니다.

오늘은 안개비에 젖어 있는 제주시가 울먹한 기분으로 맞아 주네요. 울적하기는 당신도 마찬가지이겠지요. 우리는 평소와는 달리 말없이 흐린 창밖을 바라보며 리무진에 앉아 한 시간여 동안을 달려왔습니다. 무거운 마음 한편으로는 그래도 치료를 받으면서 여행도 할 수 있는 시설이 있다는 것에 감사하다는 생각도 하였습니다.

잔병치레로 골골거리는 나와는 달리 건장하던 당신은 우리 가족에게 늘 든든한 울타리가 되어 주었지요. 그러나 당신의 건강 길에 불거져 있는 커다란 돌부리에 걸려 넘어진 충격은 당신뿐 아니라 온 가족이 함께 당하는 휘청거림이었습니다. 건강의 무너짐이란 것이 육체적인 것보다는 정신건강에 미치는 영향이 더욱 큰 문제였습니다. 2, 3일 간격으로 굵직한 주사침을 두 개나 꽂고 4시간여 동안이나 침상에 누워서 혈액투석기에 몸을 맡겨야 하는 당신.

식도락가를 자칭하던 당신은 음식의 양과 야채의 싱싱한 맛을 억제하며 싱거움에 적응하느라 입맛을 잃었지요. 운동의 중요성을 알면서도 실천하지 못하는 몸 상태에 스스로 실망을 하고. 철마다 즐기던 여행도 떠날 수 없는 처지에 말을 잃은 당신을 보면서 착잡하고 안쓰러운 마음뿐입니다.

다만 '죽을병을 고침 받았던 히스기야 왕의 기도'를 생각하며 함께 힘을 얻기를 바랐지요. 절망적이던 순간을 차츰 견디어 내며 다른 환우들의 경험담에 귀를 기울이고 마음을 열기 시작하는 당신이 자랑스러웠습니다. 동병상련의 동정 어린 대화들은 울적한 당신의 마음을 추스르고 삶에 대한 애착과 새로운 길을 찾게 하는 데 실질적인 도움이 되었습니다.

목적지에 도착하니 햇볕이 쨍하네요. 날씨가 우리를 환영해주는 것 같아 마음이 놓입니다. 라파의 집, 히브리어로 치료하는 손길이란 뜻의 간판이 가정적인 푸근함을 느끼게 합니다. 감귤 밭으로 둘러싸인 건물, 정자와 연못이 어우러진 정원의 정취는 어느 고관 댁 별장을 연상케 하는군요. 건물 앞으로는 서귀포 바다가 전개되고 뒤로는 나지막한 산이 있네요. 산 밑으로 감귤박물관과 아열대 식물관도 인접해 있고요. 그 주위로 산책 코스와 운동기구도 준비되어 있습니다. 해풍과 감귤 맛이 곁들어진 공기가 신선하게 느껴집니다. 뒤돌아보니 저 멀리로 한라산도 보이네요. 그런데 한라산 위에 두둥실 떠 있는 구름, 편안하게 누워 있는 할머니의 모습입니다. 제주도에 삼신 할멈의 설화가 있다던데, 신기합니다.

병원 입구에 세워져 있는 '혼저 옵서예'라는 입간판. 무슨 뜻인지 몰라 어리둥절했지요. 그렇게 시작된 병원 생활. 인자하게 환우들을 챙겨주는 직원들. 밝은 표정으로 빈틈없는 진료와 간호를 하는 의료진들, 환한 웃음으로 식사를 대접하는 주방 직원들, 언제든지 마음 열고 기도할 수 있는 예배실. 투석을 하지 않는 날에는 재치 있는 유머로 웃음을 선사하며 관광을 안내하는 직원들. 가족 같은 분위기에 마음이 편안해집니다.

여기에 있는 환우들 모두는 당신보다 선임이군요. 이분들은 당신이 지금도 겪고 있는 마음의 갈등들을 잘 이겨내고 밝고 활기찬 표정으로 서로 배려하며 챙겨주고 있네요. 검붉어진 피부, 투석으로 불룩해진 혈관도 스스럼없이 내놓고 당당하게 활보하는 모습이 보기 좋습니다.

여보, 이곳에서 당신도 자신감을 회복하기 바랍니다. 그 호탕한 성격을 되찾기 바랍니다. 당신을 응원하며 기도하는 손길도 기억합시다. 치료하는 손길의 집에서 치료받게 됨을 감사하면서, 우리 힘을 냅시다.

복 받으세요

휠체어를 밀고나오는 마음속이 부글부글 울꺽거린다. 우리가 사는 세상이 이렇게 인정머리가 없는 사회였던가. 예약을 하지 않고 왔다는 그 한마디로 문전박대다. 타협의 여지마저 보이지 않는 저들의 표정에 얼어버린 가슴이 답답하다. 문이라도 꽝 소리가 나게 닫고 나오면 속이 좀 후련할 것인가. 그러나 입을 꾹 다물고 그냥 나온다.

"여보, 예약손님이 많은가 봐. 우리 큰길로 나가서 다른 곳을 찾아봅시다." 나보다 그이의 마음이 더 상할 것 같아서, 짐짓 아무렇지 않은 듯 너스레를 떨어본다. 그만한 일로 뭘 부글거리느냐는 듯 늦가을 햇살이 등을 어루만져 준다. 태양의 따뜻한 온기를 받으니 왠지 멋쩍어지는 마음에 뒤통수를 긁적거린다.

한때 내가 근무하던 병원에서는 하루 평균 스물여덟 명 이상의 신생아들이 태어났다. 병원 전체 분위기는 도떼기 시장통 같았고 입원실은 늘 부족하였다. 하는 수 없이 응급상황이 아닌 경우에는 입원을 제한하였다. 즉 우리 병원에서 산전 진찰을 잘 받지 않은 임산부는 다른 병원으로 가도록 하였다. 그러나 아무리 설명을 잘한다 한들, 입원을 거절당한다는 것은 어찌 화가 나지 않겠는가. 상황을 이해하고 조용히 떠나는 사람은 별로 없었다. 대부분 원망과 욕설로 큰 소동이었고, 그렇게 떠나는 사람이나 그냥 돌려보내는 직원들이나 괴로운 순간들이었다. 하여 궁여지책으로 생겨난 것이 간이침대, 접이식 야전용 침대를 병실복도에 펼치고 입원을 시켰다. 다급함에 동의를 하였지만 퇴원할 때까지 입원자는 불만스러움이 불평으로 이어지고 직원들은 그저 죄송하고 껄끄러운 마음을 금할 수가 없었다.

큰길에서 조금 가다 보니 '김○○ 헤어'라는 간판이 보인다. 옛 생각으로 조금 누그러졌던 마음이 다시 긴장된다. 아까와 같은 푸대접이면 어떡하나, 걱정하면서 자동문의 벨을 누른다. 스르륵 빠르게 열리는 문, 문턱이 낮아서 다행이다. 휠체어 앞바퀴를 치켜들고 힘껏 밀어보지만 내 힘으로는 좀 버거워서 주춤거린다. 직원 두어 명이 잦은걸음으로 다가와 도와준다. 고마워라. 머릿속에서 언뜻 초등학교 졸업가가 스친다. "앞에서 끌어주고 뒤에서 밀며 우리나라 짊어지고 나갈 우리들~."

한결 편안한 마음으로 미장원 안을 둘러본다. 깔끔하고 아늑한 분위기다. 손님들이 많다. 두어 명은 머리 손질을 받고 있고 서너 명은 대기 중이다. 그이 차례가 될 때까지 아니 이발을 마칠 때까지 잘 견뎌 주어야 할 텐데. 행여 당이라도 떨어질까 염려하며 사탕 하나를 그이 입에 넣어준다.

"여보, 손님이 많네, 그래도 조금 기다렸다 하고 갑시다." 처음 만나는 사람과도 친근하게 소통을 잘하던 그이가 말없이 고개만 끄덕이는 모습이 안쓰럽다. 미용실이 남녀공용이 된 지도 오래이건만 그이는 늘 남성전용 이용실만 찾아다녔다. 숱이 적은 머리나마 때맞추어 단정하게 손질을 받고 와서 이용실 분위기를 설명하며 만족해하던 그이. 행여 미용실을 불편해 할까 봐 걱정했는데 말없이 순응하는 것도 고맙다. 마침 원장이 남자분이라서 다행이다.

손님의 파마 말기를 마친 원장이 대기 중인 손님 한 분에게 귀엣말을 한다. 손님이 고개를 끄덕인다. 직원 한 명이 우리 쪽으로 와서 커다란 커트용 앞치마를 그이 목에 둘러준다. 미용실 의자로 옮겨 앉기 불편하실 테니 휠체어에 앉은 대로 커트를 해 주겠단다. 고마워서, 감사해서 가슴이 뭉클해지고 눈시울이 젖어온다. 자기 순서 양보해 준 저쪽의 손님에게 고개를 조아린다. 빙긋하게 미소를 보내주는 그 손님이 천사의 모습이다. 아무 일 없다는 듯 무심히 그이의 머리를 사각거리는 원장의 가위손이 시원스럽다. 한줄기 소나기가 내리고 난 뒤 햇빛 쨍한 어느 여름날처럼 상큼해지는 기분이다.

"김○○ 씨, 복 많이 받으세요." 나는 그 미장원 앞을 지날 때마다 복을 빌어준다. 복을 빌어 줄 사람이 있고 복을 빌어주는 사람도 있어서 감사하다. 누구를 만나거나 누구 집에 들어가서는 먼저 복을 빌어주라는 말씀이 있다. 복을 받을 만한 사람이면 그 복을 받을 것이고 그렇지 못한 경우이면 빌어준 사람이 그 복을 되받을 것이라고. 세상 어느 곳에서든 선행을 하는 모든 사람들에게 나는 복을 빌어주고 싶다.

"복 많이 받으세요."

신발

"내 신발 어디 있어?"

혼곤하게 잠자는 시간이 길어진 그이, 간간이 잠이 깨면 무언가 불안해하면서 신발을 찾았다.

"당신 신발 여기 있어요." 하고 보여 주면 안심이 되는 표정이었다.

신, 땅을 디디고 걷기 위하여 발에 신는 물건을 통틀어 이르는 말이다. 신이란 말에 한자가 없으니 순수한 우리말인가 보다. 신神 자와 구별하기 위함인가, 우리는 신을 신발이라 부른다. 신을 신는 이유는 다양하다. 가장 보편적으로는 길을 걸을 때나 일상 활동을 할 때에 발을 보호하기 위해서이다. 아니 한 날에 감당할 일을 보다 효율적으로 하려는 목적일 것이다. 신분제도를 의미한 때도 있었다. 장식 및 치장을 위한 부분도 크게 작용하지만 아직도 맨발이 더 편한 사람들도 있다.

나는 호주 선교사가 세운 직장에서 근무하였다. 정년이 되어 선교사님들은 본국으로 가셨다. 그들이 떠난 20여 년 후, 선교사님의 팔순 잔치를 위해 호주로 찾아갔다. 아담한 그 집 현관에 발을 디뎠을 때, 검정 고무신 두 켤레가 가지런히 놓여 있었다. 그것도 남자 고무신이. 웬 고무신이냐는 질문에 고무신의 편리함을 설명하시는 데는 그저 고개를 숙일 수밖에.

몇 해 전 〈검정고무신〉이란 연극을 보았다. 배고픈 시절의 애환을 고스란히 담은 내용이었다. 소극장에서 단출하게 자리한 관객들이 극 중 배역들의 연기에 몰입하였다.

가난으로 허기진 배, 가출한 엄마에 대한 애증, 사탕 하나 나눠 먹기 위하여 이미 입속에 들어간 것도 받아먹는 비위. 그 어려운 상황 속에서도 한 손에 책을 들고 미래를 꿈꾸는 청년. 가난에 찌든 생활상이나마 코믹하게 연출되었다. 익살스런 연기가 나올 때마다 까르르 웃고 있는 어린 손녀딸의 밝은 표정에 비하여 내 마음은 씁쓸함으로 웃고 울었다. 검정고무신은 가슴 저리면서도 그리움으로 남아 있는 추억이다.

유년시절에는 검정고무신을 신었다. 코가 세워진 여자용 고무신이다. 고무신에 내 발을 맞추어야 했던가. 버선도 코가 뾰족하여 겨울철에 놀이를 할 때는 여간 불편한 일이 아니었다. 남자들의 신발은 발과 비슷한 모양으로 훨씬 편하게 보였다. 어른들은 외출용으로 흰 고무신을 간수하였다. 상급학교에 진학할 때부터 운동화를 신었고 사회생활을 하면서는 구두를 신었다. 한참 맵시를 부리고 싶은 나이에는 뾰족구두를 선호했다. 겨울부츠마저도 뾰족한 것으로.

어느 해 느닷없는 그이의 제안을 뿌리치지 못하고, 뾰족

부츠를 신고 내장산에서 백양산으로 가는 재를 넘어야 했다. 폭설로 버스마저 다니지 않는 꼬불꼬불한 길을 넘어지고 미끄러지며 오르다 보니 그만 부츠 뒤축 하나가 부러지고 말았다. 이를 어쩌나, 난감하던 차에 그이는 돌멩이 하나 주워서 남은 한 쪽의 뒤축을 두들겨서 마저 부러뜨렸다. 부츠의 체면은 구겨져 버렸지만 기우뚱거림을 면하고 무사히 재를 넘을 수 있었던 것은 그이의 기발한 재치 덕분이었다. 이런 추억 때문인지 결혼 후 그이가 내게 준 첫 선물은 등산용 신발, K2이다. 그 등산화를 신고 무등산, 설악산, 지리산, 한라산, 덕유산, 속리산, 소백산, 그리고 금정산, 신어산, 천성산, 가지산, 황매산 등을 다니던 추억이 그립다.

오랜 세월 애용하던 여성용 신발의 특수성 때문인가. 이제 무지외반증이란 용어가 내 발을 힘들게 한다. 하는 수 없이 '여포신발'을 찾는다. 여자이기를 포기한 신발, 누군가 한 번 제대로 뽑아낸 신조어다. 멋 부림이나 맵시 대신 안전과 편안을 추구하는 것, 연륜으로 터득하는 삶의 지혜다.

신발을 챙긴다는 것은 외출을, 출장을 또는 먼 길을 떠나는 것을 의미하는 것이지 않은가. 아직 완쾌되지 않은 그이가 신발을 챙기는 것이 마음을 서늘하게 하였다. 신발 챙기기를 몇 차례 하던 그이, 어느 날 기어코 먼 길을 떠나고 말았다. 신발은 신고 갔을까.

그이가 찾던 신발 한 켤레, 지금도 우리 집 현관을 지키고 있다.

노잣돈

언문諺文*의 부산물인지 언문言文**의 모순인지 알 수 없지만, 사람들이 표현하는 말 중에는 중복해서 사용하는 경우가 더러 있다. 그 예로 역전앞과 노잣돈이 떠오른다.

노자路資, 먼 길을 떠날 때 그 경비로 챙겨가는 돈을 말한

---

* 지난날, 한문에 대하여 한글로 된 글을 낮추어 이르던 말.

** 말과 글.

다. 노자에 이미 그 뜻이 포함되었는데 굳이 노잣돈이라 한다. 표준어 앞에 수줍은 듯, 그래도 고쳐지지 않는 고향 사투리와 같이 정감이 풍기는 말이다.

호상好喪이란 소리를 들으며 북망산으로 떠나는 할머니의 꽃상여, 모든 준비가 다 되었는데도 마당에서 떠나지 못하고 머뭇거리고만 있다. 상여는 요령잡이의 방울 소리와 노랫가락에 따라 움직인다. 요령잡이는 상여 앞에서 요령을 흔들며 '간다 간다 나는 간~다~' 와 같은 구슬픈 상엿소리 속에 간간이 노잣돈이란 말을 흘린다. 상여꾼들은 '어이야 어여~' 등의 추임새로 발걸음을 맞추며 제자리걸음이다. 누군가 상여 앞 새끼줄에 지폐를 끼워 넣는다. 또 넣는다.

노잣돈이라 했다. 지폐가 주렁주렁 매달리게 되자 상여가 움직이기 시작한다. 앞으로 두어 발짝 가는가 싶다가 다시 뒤로 한 발짝 물러나는 느릿함으로 마당을 한 바퀴 돌고 고샅길을 지나 갈림길에 이르면 상여는 또 걸음을 멈춘다. '이제 가면 언제 오나~' 상엿소리는 더욱 구슬퍼지고 노잣돈 소리도 처량하게 들린다. '아이고~ 아이고' 흐느끼는 상제들의 곡소리도 한층 격해진다.

동구 밖으로 떠나가는 꽃상여와 행장들, 누런 삼베옷과 망건을 쓰고 뒤따르는 상제들의 흐느적거리는 발걸음, 하던 일손 제쳐놓고 상제들의 뒤를 따르는 동네사람들. 바람 따라 펄럭이는 상여 꼭대기의 각양 앙장仰帳이 살랑거리고 하얀 햇빛가리개가 두둥실 부풀어 오른다. 상여 앞에 꽂혀 있는 노잣돈도 움칫하게 바람을 탄다. 동네 사람들은 "저 할머니 배부르게 사셨네, 노잣돈이 넉넉하여 든든하시겠네." 등의 말들을 하며 부러운 시선을 보냈다. 노잣돈, 저 세상으로 가는 길에도 돈이 필요하구나, 라는 생각을 하였다.

토요일이면 같은 시내에 살고 있는 딸이 와서 그이의 병시중을 거들었다. 딸의 애교스런 간병은 그이의 입가에 웃음을 담겨 주었고 병실에 활기를 띠게 하였다.

"엄마, 아빠가 오만 원을 빌려 달라시는데 만 원만 드렸어요." 고향인 광주에 가고 싶다고, 거기 가서 살겠다고. 네 엄마는 여기에서 사는 것이 더 좋으니까 비밀로 하라며 차비를 빌려 달라고 하셨단다. 차가운 통증이 가슴을 후비고 지나간다.

결혼 후 내 직장 때문에 그이는 고향을 떠나왔다. 장남인 우리가 이곳에 터를 잡자 시집 식구들도 이사를 와서 함께 살았다. 간혹 고향 얘기를 했지만 이곳 생활에 적극적이었고 만족하며 살았다고 생각했다.

"여보, 돈이 필요하면 나한테 말하지, 오만 원으로 되겠어요?" 하였더니 십만 원을 얘기한다. 그이는 그 십일만 원을 입고 있는 환의 주머니에 간직하더니, 치료를 받은 후 병실로 올라와 곧 잠이 들었다. 딸은 그이의 환의 주머니에 들어 있는 돈을 꺼내서 내게 건네주었다. 자칫하다가 빨래통으로 들어가 버릴까를 염려하면서.

한참 후 잠에서 깬 그이, 호주머니에 돈이 없어진 것을 확인하고는 많이 서운해 하였다. '○○이가 돈을 다시 가져가 버렸다.'고. 혹 잃어버릴까 봐 내가 이렇게 간직하고 있다고 해도 수긍하지 않았다. 다음 날 딸이 왔을 때 기어코 그 서운함을 토로한다. 딸은 깜짝 놀라며 민망해서 어쩔 줄 몰라 했다. 그리고 3일 후 그이는 영영 먼 길을 떠났다.

그동안 부모님이나 시부모님의 장례 절차는 오빠들이나 그이가 다 진행하였다. 금번 처음 당하는 그이의 장례 절차를 어떻게 해야 하는지, 나는 그저 장의사가 하라는 대로 할 뿐이었다. 상여가 없는 장례식장에 노잣돈 같은 것은 생각할 여지도 없었다. 그러나

"엄마, 아빠가 서운해 하셨던 십일만 원, 어떡해요. 잃어버리더라도 그냥 빼지 말았어야 했는데~." 하며 계속 흐느끼는 딸을 어떻게 달랠 수 있을까. 딸의 마음을 위로해 주려고 그이의 수의 속에 십일만 원을 넣어드렸다. 할아버지를 사랑한다고, 영원히 사랑한다고 강조하고 또 강조한 손녀딸의 편지도 함께. 의식 없이 현대판 노잣돈이 된 셈인데, 너무 부실했을까.

인생 나그네 길 끝에서 그이가 가고 싶어 했던 곳 광주, 고향 선산先山. '천왕봉'이라 쓰여 있는 돌기둥 앞에 흐뭇하고 편안한 표정으로 서 있는 그이. 노잣돈의 의미를 아는지 모르는지, 오랜만에 찾아간 우리를 싱긋한 미소로 반겨준다.

해넘이

"천하에 범사가 기한이 있고 모든 목적이 이룰 때가 있나니" 하며 전도서 기자는 때를 강조하였다. 날 때와 죽을 때, 심을 때와 거둘 때, 성공할 때와 실패할 때, 사랑할 때와 헤어질 때, 만날 때와 이별할 때 등등. 그래, 올 때가 있었으니 갈 때 또한 분명히 있는 것이다. 모든 생명체들이 태어나서 한 생애 살다가 가는 길, 자연 생태계와 동식

물들은 이미 그 길을 알고 때에 맞게 준비를 잘한다.

봄여름 동안 앙증스러운 싹이 움터서 초록빛 웅장함을 자랑하는 나무들. 휘몰아치는 비바람이나 한여름 땡볕을 잘 견뎌내며 튼튼한 나무로 그리고 종족보존을 위한 씨앗을 키워낸다. 찬바람이 불기 시작하면 나뭇잎들은 엽록소가 비켜 준 자리에 본연의 색깔을 끌어내어 단풍으로 곱게 물들며 떨켜를 준비한다. 이별을 할 때가 되었다. 이별, 너와 내가 분리되어 헤어지는 일이다. 그러나 그가 남긴 희망의 싹은 나무와 함께 다음을 기약할 수 있으니 슬퍼하지 않기로 한다.

남편이 건강했을 때, 우리 부부는 산에 오르는 것을 즐겼다. 산과 나무들, 잡목이나 들풀들 모두, 누가 특별히 보살펴주거나 살아가는 방법을 가르쳐주지 않는다. 그래도 철따라 때에 맞는 모습으로 새싹이 돋아나고 꽃이 피고 열매를 맺고 고운 모습으로 떠나고 또 묵묵히 겨울을 견디는 모습이 좋아서 산을 찾았다.

그중에 가을단풍으로 제일 기억되는 곳은 내장사와 백양사이다. 백팔번뇌의 의미를 담고 108그루의 단풍나무를 조성했다는 내장사의 단풍터널 길. 그 길을 걷노라면 레드카펫을 밟으며 환호를 받는 스타가 된 기분이다. 백양사의 단풍은 개울물 속으로 눈길을 이끈다. 양떼구름과 깎아지른 듯 아슬아슬한 산자락, 양羊모양의 바위와 길가에 즐비한 단풍나무를 모두 품어 안은 백양천川의 정경은, 남편과 함께한 더없이 그윽한 아름다움이었다.

단풍을 보노라니 또 하나의 닮은꼴 영상으로 해넘이가 떠오른다. 온종일 이글거리던 태양, 날이 기울어 서쪽 하늘가에 닿을 때는 주황빛으로 은은하게 물들며 황홀함의 극치를 이룬다. 그러나 그 순간도 잠시, 이제는 그저 홍보석 같은 동그라미로 서서히 내려앉더니 어느 순간 자취를 감춰버린다.

서너 차례 해넘이를 보며 그 황홀한 감동에 흥분을 감추지 못하였다. 그러나 그해, 증도의 서해를 넘어가던 해는 달랐다. 증도는 하늘과 바다와 염전에 세 개의 해넘이를 연출한다는 곳이다. 동그란 산호처럼 수평선으로 다가가는 해, 그 아름다운 모습을 오롯이 보여주는 바다, 다소곳하게 해를 품어 안은 염전. 모두들 감탄사만 연발할 뿐 달리 표현할 말을 찾지 못한다.

갑자기 하늘가로 엄습해 오는 새까만 구름 떼들. 한순간에 그 아름다운 모습을 삼켜버리니 까만 어둠이다. 이대로 끝인가 하는 찰나, 어둠을 뚫고 다시 얼굴을 내미는 여전히 붉은 해. 몰리고 흩어지고 뚫고 나오기를 거듭하는 양상이 흡사 천사와 악마가 전쟁을 하는 것 같았다. 천사의 승리인가, 마침내 검은 구름을 물리치고 주황계의 색색을 총망라한 한 폭의 그림을 보여주며 사르르 사라지던 동그라미. 중도의 해넘이는 남편의 마지막 모습으로 오버랩 되어 나를 울리고야 말았다.

인생의 황혼에 물들기도 전에 병마와 싸워야 했던 남편. 이십여 년이 넘는 투병생활에도 당당한 모습으로 맞섰다. 여러 차례 위험한 고비도 잘 버티어 줘서 고마웠고 희망을 갖게 했다. 그러나 그날, 홀로 조용히 떠나버린 그이. 편안하게 잠자고 있는 것 같은 모습에 나는 차마 그이의 임종을 인정할 수가 없어 의료진을 붙들고 멍한 시간을 억지를 부렸다. 일시에 나뭇잎을 다 떨어뜨려버린 나목처럼 무언가 한꺼번에 내 안에서 다 빠져나간 것 같은 헛헛함을…….

이 가을, 나무들은 다시 단풍으로 곱게 물들어 가고 있다. 오늘도 서쪽하늘 언저리는 해넘이로 물들어 황홀할 것이다. 하루도, 한 해도 저마다의 때를 따라 곱게 물들어간다. 남편에게 물들어 온 긴 세월만큼 그리움에 젖은 마음은 하루를 넘길 때마다 격하게 출렁인다.

"그립다 말을 할까 하니" 서러워…….

홀로 아리랑

가끔 친정 나들이를 갈 때, 그들은 늘 함께 다녔다. 이제는 혼자 가는 것이 싫어서 해가 바뀌어도 그저 망설이고 있었다. 그러나 혼인잔치가 있다는데 어떡하나. 하는 수 없이 서머서머한 몸짓으로 친정 식구들을 찾아갔다. 팔순을 훌쩍 넘기신 큰올케가 애기씨를 덥석 끌어안으며 울음을 터뜨린다.

"노 서방은 어쩌고 애기씨 혼자 온 거여, 왜 혼자 온 거여~."

애기씨가 네 살 때 올케는 큰오빠와 결혼을 했다. 며느리를 맞은 어머니는 코흘리개 딸과 집안 일 모두를 며느리에게 맡기고 당신은 논, 밭으로 일하러 다니시느라 분망하셨다. 올케는 집안일을 익히는 것보다 늦둥이로 태어나 허약한 체질의 애기씨를 건사하는 일이 더 큰 고민거리였을 것이다. 결혼 적령기가 되어도 허약하기만 하고 직장 생활까지 하느라 집안일들을 배우지도 못한 애기씨. 연로하신 시어머니를 대신하여 시집살이가 좀 수월한 가문을 찾아 시집보내야 하는 것도 큰올케의 몫이었다.

물론 결혼 조건의 첫째는 장남이 아닌 남자를 찾는 것이었다. 몇 군데 선도 보았고 적당한 혼처라고 생각하는데도 입을 다물고 있는 애기씨가 답답하기도 하였다. 그러던 어느 날 아무런 예고도 없이 불쑥 나타나서 안절부절못하며 애기씨와 결혼하겠다고 말하는 노 서방을 보고 올케는 첫눈에 반해버렸다. 노 서방이 장남인 것도 형제자매가 많은 것도 문제 삼지 않았다. 그렇게 노 서방은 친정 식구들의 특히 어머니와 큰올케의 사랑을 듬뿍 받았다. 처가 나들이를 다녀갈 때면 노 서방이 잘 먹는 반찬도 푸짐하게 챙겨 주셨다. 무겁다는 소리 하지 않고 주는 대로 잘 받아가는 것도 믿음직스럽기만 하던 노 서방이었다.

"같이 왔어야지, 노 서방과 같이 왔어야지~." 끌어안은 애기씨의 등을 탁탁 치며 큰올케의 한탄은 계속된다. 올케 앞에 혼자 서 있는 애이불비哀而不悲한 애기씨는 그저 죄인이다. 아무런 변명도 할 수 없는 죄인. 작은올케와 질녀가 큰올케를 진정시키려 애쓴다. 말없이 바라만 보며 말뚝처럼 서 있는 막내오빠는 그만 얼굴을 돌리고 만다.

만나는 대로 식사를 하러 나가자고 약속한 것은 참 잘한 일이었다. 저녁을 먹고 다시 집으로 돌아와 모두들 둘러앉았다. 만나면 스스럼없이 즐겁기만 하던 분위기는 어디로 갔는가. 대화를 찾지 못하고 멀뚱거리는 눈길들이 사뭇 불안하게 느껴진 애기씨가 선수를 친다.

"형님, 노래 한 가락 들려주세요. 〈찔레꽃〉 노래 잘하시잖아요." 사양하지 않고 올케가 노래를 부른다. 〈찔레꽃〉도, 〈심청가〉도, 〈해운대 엘레지〉도. 그러나 큰올케의 노래는 너무 구슬퍼서 금방 울음이 터질 것 같다. 좀처럼 화기和氣가 돌지 않는 분위기, 다시 애기씨가 나선다.

"감사합니다, 형님. 이번에는 제가 오카리나 연주를 해 볼게요." 오카리나를 배운 지 두세 달뿐인 실력으로 무슨 연주를 한단 말인가. 그러나 서둘러 두어 곡 암기를 하고 오카리나를 들고 왔다. 어쩌면 이런 분위기를 예상했기 때문이었는지 아니면 이렇게 홀로서기를 하고 있다는 것을 보여주고 싶었는지도 모르겠다.

오카리나의 청아한 음률이 애기씨의 서툰 솜씨를 아우르며 〈어메이징 그레이스〉를 노래한다. 언젠가 티브이에서 인순이가 감미롭게 부르던 곡이다. 방안 분위기가 한결 온화해진다. 무슨 내용의 가사인지는 몰라도 애기씨를 잘 아는 큰올케는 '아멘' 하며 박수를 친다. 이어서 오카리나는 좀 빠른 리듬으로 〈홀로 아리랑〉을 연주한다.

귀에 익은 곡이 들리니 방안 분위기가 확 살아난다. 가사가 잘 생각나지 않아도 입은 저절로 오카리나를 따라 노래를 부른다. 리듬이 '아~리랑 아~리랑' 하며 흥을 돋우자 모두들의 어깨가 들썩인다. 반복되는 곡조에 더욱 흥겨워진 분위기는 드디어 춤까지 추게 된다. 분위기에 취해서 오카리나는 한참 동안 〈홀로 아리랑〉을 계속한다. 구슬픈 듯 애잔하면서도 어깨를 들썩이게 하는 우리 민요, 아린 마음까지도 아우르며 저절로 춤이 추어지게 하는 가락이 우리의 정서에 잘 맞는다.

이만하면 되었겠지, 애기씨는 오카리나 연주를 끝낸다. 모두들 즐거운 표정으로 애기씨와 오카리나를 바라본다. 애기씨는 마른 입을 축이려 물컵을 찾는다. 그런데

"아이고 이렇게 이쁜 애기씨를 놔두고 노 서방은 어떻게 갔을까~." 큰올케의 울먹이는 소리가 다시 시작된다. 애기씨의 귀에는

"노 서방 없이 애기씨 혼자서 어떻게 살거여~."로 들린다. 가슴이 쿵 무너져 내리는 애기씨는 그만 큰올케의 가슴에 얼굴을 묻어버린다.

애기씨의 젖은 귓가에 〈홀로 아리랑〉의 노랫가락이 아련하다.

빨간 우체통

바닷내음을 품고 가을이 오는 동해안 길을 드라이브했습니다. 운전하는 수고는 젊은 지인이 하고 우리는 그저 소풍 나온 초등학생의 기분으로 산과 바다와 송림이 어우러진 풍광에 환호를 보냅니다.

잔잔한 출렁임으로 끝없이 펼쳐진 바다를 보면서 여름내 더위에 찌들었던 마음이 활짝 펴지는 듯 시원해집니다.

저 멀리 상선인지 군함인지 알 수 없는 배들이 한 점 점으로 보입니다. 어촌마을 가까이에는 바다양식장도 보입니다. 양식장을 보니 당신과 함께했던 추억이 슬며시 고개를 드네요.

부산에서 신혼살림을 차리고 주말이면 나들이를 즐겼지요. 어느 해 진해 용인에서 배를 타고 가덕도에 가던 길에 처음으로 양식장을 보았습니다. 논고랑처럼 바다에 줄줄이 꽂혀 있는 장대들. 그 사이로 어부는 유유히 쪽배를 타고 다니며 바다농사를 짓고 있는 광경을 보고 깜짝 놀랐습니다. 어릴 때 꿈속에서 보았던 풍경이어서요.

내륙에서 성장한 나는 바다에 대해 전혀 몰랐지요. 그런데 생뚱맞은 꿈을 곧잘 꾸었어요. 한 번은 어떤 목선을 타고 어느 바다를 평화스럽게 떠가는 꿈을 꿨지요. 처음 보는 바다는 맑고 투명하고 끝없이 넓은 초록빛이었어요. 바다에도 초록빛 가지를 늘어뜨린 나무들이 바람결에 나불거리는 사이를 황홀한 기분으로 지나갔어요. 한참 가다 보니 바둑판처럼 배열된 바다 논이 있었어요. 그뿐인가요, 마치 내가 주인인 양 바다 논 사이를 자연스럽게 돌아다녔지요. 그러다가 바닷물 속에서 물고기들이 유영하는 모습을 보고 물속으로 들어갔어요. 바다도 모르던 제가 헤엄인들 칠 줄 알았겠어요. 그런데 아주 민첩하고 능숙하게 물속을 가르며 물고기들을 따라 다녔어요. 바닷속에도 연초록 수초들이 스르르 물결치는 모습이 너무나 아름다웠지요. 꿈속에서도 이건 꿈인데, 그러나 깨어나기 싫다고 중얼거리며 헤엄치다가 그만 꿈을 깨고 말았지요. 어머니는 개꿈이라고, 키 크는 꿈이라고 하셨지만 이제 와 생각하니 어쩜 자각몽(lucid dream)* 비슷한 꿈이었나 봐요.

잠시 옛 생각을 하는 사이에 목적지에 도착했어요. 간절곶, 거기 커다란 우체통이 우뚝하게 서 있네요. 우체통을 거치지 않으며 주고받는 요즘의 문자들, 편지세대의 젊음이었던 내게 빨간 우체통은 소중한 추억으로 더없는 반가움이네요. 그러나 한 무리씩 찾아와 추억을 남기는 웃음에 존재의미를 두고 망부석이 된 우체통은 쓸쓸한 마음을 감춘 기다림의 자세, 그리움의 표징으로 보입니다. 채워지지

---

* 꿈을 꾼다는 것을, 꾸고 싶은 꿈을 스스로 인식하며 꾸는 꿈.
– 1913년 네덜란드 정신과 의사 '프레데릭 반 에덴' 이 〈꿈의 연구〉에서 발표.

않는 편지를 기다리며 서 있는 우체통 앞이라서인가요.

문득, 400여 년 후에야 세상에 알려진 편지가 떠오르네요. 먼저 세상을 떠난 남편의 관 속에 써넣은 '원이 엄마'* 의 편지. '어찌하여 나 홀로 남겨두고 떠났는지 꿈속에라도 나타나서 자세히 설명해 달라'는 애달픈 사연에 내 마음도 철렁 내려앉았습니다. 먼저 떠나버린 사람을 꿈에라도 다시 만나고 싶은 마음은, 400년 전의 여인이나 오늘의 나에게나 별 다름이 없나 봅니다.

당신도 나 혼자 남겨놓고 그렇게 먼저 떠났습니다. 당신이 떠난 후 첫 일 년은 무거운 돌이 내 마음을 꾹 누르고 있는 것 같아 숨쉬기도 답답했습니다. 깊은 한숨이 나도 모르는 사이에 터져 나왔습니다. 한숨이 무엇인지도 몰랐던 나, 그제야 한숨을 쉬던 사람의 마음을 알았습니다. 언뜻 하는 순간마다 염치없이 눈물도 흘러나왔습니다. 사람을 특히 당신을 아는 사람은 만나기가 싫었습니다. 한숨과 눈물을 토해내느라 무상하고 멍한 세월이었습니다. 행여

---

* 병술년(1586년) 유월 초하룻날에 먼저 세상을 떠난 남편 이응태 씨에게 쓴 원이 엄마의 편지.

우울증일까 염려도 되었습니다. 이런 모습을 우리 애들한테는 보이지 않으려고 무던히 애도 썼습니다.

그 한 방법으로 사오십여 년 전에 당신이 보내준 일백사십여섯 통의 편지들을 꺼냈습니다. 그 편지들을 한 통 한 통, 다시 마음에 담으며 또 한 해를 보냈습니다. 건장하고 듬직한 체격의 당신은 빈약한 체구의 내 건강을 늘 염려했지요. 온통 사랑으로 포장된 당신의 해묵은 편지들이 아픈 상처를 감싸주었나요, 무심하게 흐르는 세월이 약이 되었나요. 묵직하게 조여 있던 마음이 조금은 가벼워졌습니다. 의식도 없이 나오던 한숨과 눈물도 좀 줄었습니다. 이제는 당신과 함께했던 추억의 장소들도 다시 찾아가고픈 마음인 것을 다행으로 여기며 당신 떠난 지 사 년이 지난 올해를 살고 있습니다.

빨간 우체통을 뒤로하고 돌아오는 길, 머지않은 미래에 이곳에 다시 오겠노라고 다짐합니다. 그날은 당신에게 보내는 편지를, 크게 입 벌리고 서 있는 저 우체통에 넣겠습니다.

“소식 없어 궁금하다.”는 다그침의 편지로 내 답장을 기다렸던 당신. 이제 내가 꿈에라도, 자각몽이라도 꾸면서 당신의 답장을 기다려 볼까요.

편지, 빨간 우체통, 기다림, 그리움…….

편지

사랑하는 金英子!

산을 좋아하여 몇 십 년을 다녔지만 이제는 당신보다 등산을 못하는 뚱뚱이가 된 것 같구려.

산에서 우리들의 대화는 많은 다른 사람들의 그 무엇보다 더 아름답고 멋이 있는 것 같구려. 그렇게 많은 우리의 대화들을…….

아직도 산에 가고 싶은 마음이 너무 많답니다. 그러나 옛날의 낭만이 없는 이곳의 산에서는 회의를 느낍니다.

그 많은 고향 산사나이들도 대부분 생활에 쫓기는 것 같은데 나만은 옛 그대로인 것 같아 당신에게 많이 감사한 마음입니다.

오늘도 월간 ≪山≫지를 사오셨군요. 고마워요. ≪산≫지에 게재되어 있지도 않겠지만 산악 소식란에서 고향친구들의 소식을 찾아본답니다.

우리 가족들의 등산, 얼마나 좋습니까? 산악회 이름을 지어서 함께 몸도 건강하고 마음도 평안하여 봅시다. 우리 가족 산악회 회장직은 이제 당신에게 넘겨주고 싶습니다.

사랑하는 英아, 고맙고 행복하답니다.

1986년 가을

당신의 남편 盧錦模가.

김정읍 수필집

옆자리

인쇄 2019년 6월 20일
발행 2019년 6월 21일

지은이 김정읍
발행인 서정환
펴낸곳 수필과비평사
주소 서울시 종로구 삼일대로 32길 36(익선동 30-6 운현신화타워 빌딩) 305호
전화 (02) 3675-3885, (063) 275-4000 · 0484
팩스 (063) 274-3131
이메일 sina321@hanmail.net essay321@hanmail.net
출판등록 제300-2013-133호
인쇄 · 제본 신아출판사

ISBN 979-11-5933-223-4 03810

값 13,000**원**

이 도서의 국립중앙도서관 출판예정도서목록(CIP)은 서지정보유통지원시스템 홈페이지(http://seoji.nl.go.kr)와 국가자료공동목록시스템(http://www.nl.go.kr/kolisnet)에서 이용하실 수 있습니다.(CIP제어번호: CIP2019024166)

Printed in KOREA

※ 이 책은 2019년 부산광역시, 부산문화재단 지역문화예술 특성화지원사업의 지원을 받았습니다.